Rut Plouda · **Wie wenn nichts wäre**
Sco scha nüglia nu füss

Rut Plouda

Wie wenn nichts wäre
Sco scha nüglia nu füss

Aus dem Rätoromanischen (ladin/vallader)
von Claire Hauser Pult und Chasper Pult

OCT⬤PUS

ch reihe

Dieses Buch erscheint mit Unterstützung
der ch Stiftung für eidgenössische
Zusammenarbeit, der Kantone und der
Oertli-Stiftung. Die Übersetzung wurde
von Pro Helvetia subventioniert.

Der Kanton Graubünden
Die Quarta Lingua
Das Migros-Kulturprozent

haben die Herausgabe dieses Werkes
mit einem Druckbeitrag unterstützt

Die rätoromanische Originalausgabe
«Sco scha nüglia nu füss» erschien
im Jahr 2000 im Octopus Verlag, Chur,
ISBN 3-279-00537-X.

© 2001, Octopus Verlag, CH-7002 Chur
Gestaltung und Layout: Octopus Verlag, Chur
Druck: Casanova Druck und Verlag, Chur
Alle Rechte vorbehalten
Printed in Switzerland

ISBN 3-279-00538-8

Für Ottin, Flurina und Valeria

Ein Stern im Text verweist
auf die Anmerkungen ab Seite 122

Il tren passa fond stortas sü per la val. Joannes
ha tut sia buscha ed es i. I d'eira fingià s-chür
cur ch'el ha bandunà il cumün.

Ils trens van e vegnan.

Der Zug windet sich das Tal hinauf. Joannes hat seinen Rucksack genommen und ist gegangen. Es war schon dunkel, als er das Dorf verlassen hat.

Die Züge fahren ab und kommen an.

Il tren vain fond stortas giò per la val. Joannes riva. El pozza sia buscha giò per terra e dà ün güvel.

Il tren es cotschen.

Der Zug windet sich das Tal herab. Joannes kommt. Er stellt seinen Rucksack auf den Boden und jauchzt.

Der Zug ist rot.

Il tren spetta. La glieud a la staziun chamina via e nan. Joannes crouda aint il bratsch da sia mamma.

Ils trens vegnan e van.

Der Zug wartet. Die Leute am Bahnhof gehen hin und her. Joannes fällt in den Arm seiner Mutter.

Die Züge kommen an und fahren ab.

Las corviglias sun svoladas sur ils tets
nan, üna rotscha naira, e s'han sparpa-
gliadas sülla chanal dal tet, sül suler, sül
ascher. Eu n'ha pozzà üna coppa cun
vanzets sülla spuonda da la s-chala. I stan
là e spettan. I naiva adüna inavant. I nu's
doda gnanca a gnir ils autos. Els passan
tanter ils urs albs da la via oura sco
sch'els fessan alch scumandà. Apaina
ch'eu vegn aint da porta svoulan las
corviglias nan sülla spuonda. Eu dod ils
bats severs e s-chürs da lur alas. Ellas as
dispittan, as stumplan davent, piglian
svelt ün pical plain e filan. I vegnan
nanpro amo daplüssas e's fan pro cun
tschüvelins fers. Davo paca pezza cuverna
naiv frais-cha il fuond da la coppa e'ls
baccuns chi sun crodats giò per terra.
Las corviglias sun svanidas.

Ils cactus sün balcun da chadafö rivan
malapaina sü pro'l rom da la fanestra.
Eu tils dun ün zich aua e m'impais al
desert. A la culur dal siblun, da la grippa,
a la savur da las caravanas. Eu n'ha jent il
desert. Ma eu nu til cugnuosch. Eu dun da

Die Dohlen sind über die Dächer herangeflogen, ein schwarzer Schwarm, und haben sich auf der Dachrinne, auf der Laube, auf dem Ahorn verteilt. Ich habe eine Schüssel mit Resten auf das Treppengeländer gestellt. Sie sind da und warten. Es schneit und schneit. Man hört nicht einmal die Autos kommen. Sie fahren zwischen den weissen Strassenrändern, wie wenn sie etwas Verbotenes tun würden. Sobald ich ins Haus gehe, fliegen die Dohlen auf das Geländer. Ich höre ihre schweren und dunklen Flügelschläge. Sie streiten, stossen sich, nehmen schnell einen Schnabel voll und weg sind sie. Es kommen noch weitere und drängen sich vor mit schrillen Rufen. Nach kurzer Zeit bedeckt frischer Schnee den Boden der Schüssel und die Brocken, die daneben gefallen sind. Die Dohlen sind verschwunden.

Die Kakteen auf dem Sims in der Küche reichen kaum bis zum Fensterrahmen. Ich gebe ihnen ein wenig Wasser und stelle mir die Wüste vor. Die Farbe des Sandes, die Felsen, den Geruch der Karawanen. Ich

temp in temp aua a meis cactus, terdsch sü
cul sdratsch quai ch'eu n'ha spons e vez cha
coura esa inviern.

habe die Wüste gern. Aber ich kenne sie nicht. Ich gebe meinen Kakteen von Zeit zu Zeit Wasser, nehme mit dem Lumpen auf, was ich verschüttet habe, und sehe, dass draussen Winter ist.

Aint in stalla esa chodin. Eu pigl la raspa, fetsch giò il pantun da las vachas, lura quel dals süts. E vez a tai a dar man la fuorcha, a dar aint fain. Id es ün ter schaschin, ma tü nu dast loc. Tü est teis bap chi stumpla la fuorcha cun svung aint il mantun fain e til stira nan davant ils parsepans. Tü est teis bap chi rampigna sü da la s-chala da tablà, chi piglia in man il tagliafain dschet e til schmacha cul pè tras il toc dal fain fin chi sglischan giò las flettas e's disfan. Tü est teis bap in scussal da stalla e laschast ir oura la bescha, vast cun ella a bügl e spettast daspera, pozzà sül bastun. Id es stret inviern, i vain adura s-chür e las stailas sun fingià qua. Eu guard co cha'ls agnels fan sigls dindets aint illa naiv intant cha las nuorsas baivan cun arsaja. Lura passa il tröp in cuorsa sü ed aint da stalla. Intuorn il bügl e sü da la giassa ha la naiv ün muoster cuntschaint. Aint in stalletta esa amo glüm. Las giallinas sun tuottas a maschun. Üna tegna ün pa tort il cheu e fa üna canerina curiusa.

Im Stall ist es schön warm. Ich nehme den Mistschaber, putze das Läger der Kühe, dann jenes des Galtviehs. Und ich sehe, wie du die Gabel in die Hand nimmst, um Heu einzugeben. Es ist mühsam, aber du gibst nicht nach. Du bist dein Vater, der die Heugabel mit Schwung in den Heuhaufen stösst und diesen heranzieht, vor die Krippen. Du bist dein Vater, der die Leiter in der Scheune hinaufklettert, der das eiskalte Schrotmesser in die Hand nimmt und es mit dem Fuss in den Heustock stösst, bis die Schnitten auseinandergleiten und zerfallen. Du bist dein Vater im Stallkittel und lässt die Schafe hinaus, gehst mit ihnen zum Brunnen und wartest daneben, auf den Stock gestützt. Es ist tiefer Winter, es wird früh dunkel und die Sterne sind schon da. Ich schaue, wie die Lämmer unvermittelt Sprünge machen im Schnee, während die Mutterschafe gierig trinken. Dann trippelt die Herde schnell hinauf und in den Stall hinein. Um den Brunnen und auf der Gasse hat der Schnee ein bekanntes Muster. Im Hühnerstall ist noch Licht. Die Hennen sitzen alle auf der Stange. Eine hält den Kopf etwas schief und macht ein seltsames Geräusch.

I dà pleds chi restan esters. Chi's ferman sül glim d'ün üsch. Chi restan inclur aint il piertan d'ün ospidal. EFFECTSPERSUNALS, per exaimpel:

üna giacca d'inviern
ün pullover taglià permez davant giò
ün pêr chotschas grischas
ün pêr chotschas suot blau s-chüras
üna chamischöla tagliada permez davant giò
ün pêr stinvs grischs
ün pêr s-charpas otas floudradas cun lana da bescha
ün schal grisch da lana
ün s-charnütsch cun üna chadainina d'or, uraglins, ün'ura da bratsch
üna tas-cha per intuorn la vita cun üna buorsa, üna carta d'identità, üna carta pel tren cun tschinch datums, l'ura e'l lö da svalütaziun.

EFFECTSPERSUNALS. In üna tas-cha da palperi ch'eu tegn tuot in d'üna jada aint in man. Ch'eu poz aint il auto. Ch'eu port aint in chasa.

Es gibt Wörter, welche fremd bleiben. Welche auf der Türschwelle stehen bleiben. Welche irgendwo im Flur eines Spitals zurück bleiben. PATIENTENEFFEKTEN, zum Beispiel:

eine Winterjacke
ein Pullover, vorne in der Mitte aufgeschlitzt
ein Paar graue Hosen
ein Paar dunkelblaue Unterhosen
ein Unterleibchen, vorne in der Mitte aufge-
schlitzt
ein Paar graue Socken
ein Paar hohe Schuhe, mit Schafwolle gefüttert
ein grauer Wollschal
ein Säckchen mit einem Goldkettchen, Ohrrin-
gen, einer Armbanduhr
eine Gürteltasche mit einem Portemonnaie,
einer Identitätskarte, einer Mehrfahrtenkarte
mit fünf Daten, Uhrzeit und Entwertungsort.

PATIENTENEFFEKTEN. In einer Papiertrag-
tasche, die ich plötzlich in der Hand halte.
Die ich ins Auto lege. Die ich ins Haus trage.

I sofla e sbischa. Alch frais-ch e chaprizius va
per cumün intuorn hoz ed in tuot esa üna
tensiun chi fa star alert. Nüdas croudan las
battüdas giò dal clucher aint il sbischöz. Eu ser
la fanestra e'm s-chod ils mans pro la pigna. In
stüva savura da mandarinas e da tschiculatta,
ün zich eir da l'altschiva ch'eu n'ha miss a süar.
Uossa manca be amo l'üschöl chi clocca. Tuot
am para nouv. Id es sco quella jada ch'eu sun
gnüda qua. Tuot d'eira oter. Perfin l'inviern. Eir
las chanzuns. E davo lura quellas sairas cul
tschêl staili, cullas muntognas cleras e calmas.
Nots chi tramurtivan la fatscha. Teis bap ed eu
d'eiran ün prinzi ed üna princessa e la naiv
scruoschiva suot noss pass.

L'amour, ça fait pleurer, dschaiva la chanzun, mo
l'amur faiva rier, ans laschaiva svolar tras
ils dis e tras las nots.

L'amour, ça fait pleurer.

Es windet und stürmt. Etwas Frisches und Launisches ist heute im Dorf und in allem liegt eine Spannung, die wachsam sein lässt. Nackt fallen die Glockenschläge vom Kirchturm in das Schneegestöber. Ich schliesse das Fenster und wärme mir die Hände am Ofen. In der Stube riecht es nach Mandarinen und Schokolade, ein bisschen auch nach der Wäsche, die ich zum Trocknen aufgehängt habe. Jetzt fehlt nur noch das Schlagen des Fensterladens. Alles scheint mir neu. Es ist wie damals, als ich hierher gekommen bin. Alles war anders. Sogar der Winter. Auch die Lieder. Und dann jene sternklaren Nächte mit den hellen und ruhigen Bergen. Nächte, die das Gesicht gefühllos machten. Dein Vater und ich waren ein Prinz und eine Prinzessin, und der Schnee knirschte unter unseren Schritten.

L'amour, ça fait pleurer, hiess es im Lied, aber die Liebe machte uns lachen, liess uns durch die Tage und Nächte fliegen.

L'amour, ça fait pleurer.

La fanestra dal tren es plain tockins naiv. Minchatant sglischa ün guot d'aua tantergiò, il prüm aval, piglia inaspettadamaing ün'otra direcziun, invia o innan e's ferma. Id es s-chür ed i naiva coura. Il tren as ferma pro mincha staziun. Eu nu vegn mai da verer che chi's müda davoman vi da la fanestra, da dudir mincha jada ils clocs suords dal tren chi va darcheu inavant. Meis ögls sun drizzats sülla fanestra, ma tuot in üna jada es quia nossa stüva culla chandaila impizzada sün balcun, il giat giaschantà sün pigna, giò per terra cudeschs e gazettas, i sclingia il telefon, quia sun eu, dist, ed eu prov da m'algordar a tia vusch. Lura es darcheu quia la fanestra, alch s'ha müdà, ma eu nu sa che. A tai plascha da verer a gnir ils tunnels. Tü at tschaintast sül banc in sez da schneder ed intant cha coura srantunan mürs s-chürs speravia at saintast ferm e curaschus e teis ögls rian.

Il tren dà üna ramanada e mia tas-cha da plastic crouda per terra. La vusch dad hom our da l'otpledader disch il nom da la prosma staziun. I tuna sco ün imbüttamaint.

Das Zugfenster ist mit Schneeflocken bedeckt. Manchmal gleitet ein Wassertropfen dazwischen, zuerst abwärts, dann nimmt er unerwartet eine andere Richtung, hin oder her, und hält an. Es ist dunkel draussen und es schneit. Der Zug hält an jedem Bahnhof. Ich sehe nicht, was sich nach und nach am Fenster verändert, ich höre auch die dumpfen Schläge nicht immer, wenn der Zug wieder anfährt. Meine Augen sind auf das Fenster gerichtet, aber plötzlich ist unsere Stube da, mit der brennenden Kerze auf dem Fenstersims, die Katze auf dem Ofen ausgestreckt, auf dem Boden Bücher und Zeitungen, das Telefon läutet, ich bin es, sagst du, und ich versuche mich an deine Stimme zu erinnern. Dann ist wieder das Fenster da, etwas hat sich verändert, aber ich weiss nicht was. Dir gefällt es, wie die Tunnels auf dich zu- kommen. Du sitzt im Schneidersitz auf der Bank und während draussen dunkle Mauern vorbeidon- nern, fühlst du dich stark und mutig und deine Augen lachen.

Der Zug gibt einen Ruck und meine Plastiktasche fällt auf den Boden. Die Männerstimme aus dem Lautsprecher gibt den Namen der nächsten Station bekannt. Es tönt wie ein Vorwurf.

Il bescher

Il bescher piglia ün bastun aint in man, e fingià chamina'l tras las giassas dal cumün davo ün tröp bescha chi crescha ad ögl vezzond, el doda il sbeglöz da las nuorsas chi han pers lur pitschens e'l sbeglöz dals agnels chi tscherchan lur mammas. Uffants, homens e duonnas stan süls vamportas e davant las cuorts. I cloman. I sbrajan. I rian. La scossa banduna il cumün. Tuot resta inavo: las fatschas, ils mans, las vuschs. Il bescher vezza be sia scossa, co ch'ella vain plü largia, plü lomma. El tilla sieua, el tilla guida. Seis di s'impla cun sulai, s-chellas e'l sbeglar da la bescha. Il bescher nun ha temma dal s-chür. El ha seis chan, seis fö e seis curtè da busacha. La scossa giascha e rumaglia. El taglia giò flettas pan e chaschöl e parta cul chan. Il fö es grond. Ün sibelin fraid vain our per la val. Il bescher sglischa plü daspera al fö e fa sü il cularin dal caput. Cagiò schuschura l'aua. Casü esa stailas e stailas.

Der Schäfer

Der Schäfer nimmt einen Stock in die Hand und schon folgt er durch die Gassen des Dorfes einer Herde Schafe, die ständig grösser wird, er hört das Blöken der Mutterschafe, die ihre Kleinen verloren haben und das Blöken der Lämmer, die ihre Mütter suchen. Kinder, Männer und Frauen stehen vor den Häusern und vor den Ställen. Sie rufen. Sie schreien. Sie lachen. Die Herde verlässt das Dorf. Alles bleibt zurück: die Gesichter, die Hände, die Stimmen. Der Schäfer sieht nur seine Herde, wie sie breiter wird, weicher. Er folgt ihr, er führt sie. Sein Tag füllt sich mit Sonne, Schellen und dem Blöken der Schafe. Der Schäfer hat keine Angst vor der Dunkelheit. Er hat seinen Hund, sein Feuer und sein Sackmesser. Die Herde ruht und käut wieder. Er schneidet Brotschnitten ab und Käse und teilt mit dem Hund. Das Feuer ist gross. Ein kalter Wind kommt aus dem Tal. Der Schäfer rutscht näher ans Feuer und schlägt den Mantelkragen hoch. Unten rauscht das Wasser. Oben sind Sterne und Sterne.

Che fa cha la dumengia es otra co tschels dis? Eu am sdruagl, eu pens dumengia, hoz esa dumengia, ed il sulai coura es oter intant chi batta las set. Zinslas da sömmis passan tras il cheu, programs da lündeschdi chi vain o da venderdi passà, ün mumaint es quia il senti-maint d'esser debit alch ad inchün. Plü tard doda musica our da tia chombra: *Eine Herde weisser Schafe ist mein Königreich* ... Sül fuond sun sternüdas cd's e cassettas. Il chaschuot da tia maisina da not es mez avert. Tü hast tut oura las cartas culs salüds da vacanzas: Grecia, Rimini, Paris. Tü tillas guardast, las cartas, e nu dist nüglia. Lura tillas mettast a lö e cumainzast a't trar aint ... *und die kleine Hütte mein Palast.* Mincha jada cha la chanzun es a fin schma-chast il pom e fast ir da prüma. Eu guard ils stars cha tü hast tachà vi da la paraid, lur fatschas, lur corps. Tü sezzast sül ur dal let e't tirast aint ils stinvs. Ün di, dist, vegna davent. Eu vegn cun üna barcha oura sül mar e nu tuorn mai plü.

Was unterscheidet den Sonntag von den anderen Wochentagen? Ich wache auf, ich denke Sonntag, heute ist Sonntag, und die Sonne draussen ist anders, während es sieben schlägt. Traumfetzen im Kopf, das Programm vom nächsten Montag oder vom vergangenen Freitag, für einen Augenblick ist das Gefühl da, jemandem etwas schuldig zu sein. Später höre ich Musik aus deinem Zimmer: *Eine Herde weisser Schafe ist mein Königreich* ... Auf dem Boden sind CD's und Kassetten verstreut. Die Schublade deines Nachttischchens ist halb offen. Du hast die Ansichtskarten mit den Feriengrüssen herausgenommen: Griechenland, Rimini, Paris. Du schaust sie an, die Karten, und sagst nichts. Dann versorgst du sie und beginnst dich anzuziehen ... *und die kleine Hütte mein Palast.* Jedesmal, wenn das Lied zu Ende ist, drückst du auf den Knopf und lässt es neu beginnen. Ich betrachte die Stars, die du an die Wände geklebt hast, ihre Gesichter, ihre Körper. Du sitzt auf der Bettkante und ziehst dir die Socken an. Eines Tages, sagst du, gehe ich weg. Ich fahre mit einem Schiff aufs Meer hinaus und kehre nie mehr zurück.

Dapertuot algua la naiv. Teis bap es i a cleger flurs da coller. I s'affan bain sper la tabla da lain cun sü teis nom. Da tschella vart dal mür savura amo adüna da bocs. La senda sü da la costa es darcheu terraina e plain chasas da lindornas. Minchatant am tschainta sül banc, mo be pac mumaint. Il vent es amo vaira fraid. Mincha not tuorna la naiv o la dscheta sur cumün.

D'incuort at n'haja vis sün balcun da tia stanza, co cha tü guardaivast our da la fane-stra serrada. Tü hast guardà lönch aint pel tschêl grisch. La prümavaira nu d'eira ninglur d'intuorn, ni süllas muntognas, ni sü pro'l Godin da Portas, gnanca giò'n curtin nüglia. Teis bap vaiva laschà ir la bescha our in curtin. Aint il bügl da lain d'eira amo glatsch. Ils agnels faivan sigls per quai d'intuorn e las nuorsas as puognaivan o laschaivan tettar. Lura hana cumanzà a beschliar per tuornar aint in stalla a magliar inavant.

L'ascher es amo nüd. I pendan be föglias sechas e früts da l'on passà vi da sias manzi-nas. Cur cha l'ascher es inquiet as distachan

Überall schmilzt der Schnee. Dein Vater ist Haselkätzchen schneiden gegangen. Sie machen sich gut neben der Holztafel mit deinem Namen darauf. Auf der anderen Seite der Mauer riecht es noch immer nach Geissbock. Der Weg den Hang hinauf ist wieder aper und voller Schneckenhäuschen. Manchmal setze ich mich auf die Bank, aber nur ganz kurz. Der Wind ist noch recht kalt. Jede Nacht kehren Schnee oder Frost ins Dorf zurück.

Vor kurzem habe ich dich auf dem Sims in deinem Zimmer gesehen, wie du aus dem geschlossenen Fenster schautest. Du hast lange in den grauen Himmel geschaut. Der Frühling war noch nirgends spürbar, weder auf den Bergen noch oben beim *Godin da Portas**, nicht einmal unten im Hof. Dein Vater hatte die Schafe in den Hof hinausgelassen. Im Holzbrunnen war noch Eis. Die Lämmer machten Sprünge und die Mutterschafe stiessen sich oder liessen die Lämmer saugen. Dann haben sie zu blöken begonnen, um in den Stall zurückzukehren und weiterzufressen.

ün pêr da quels propellerins dal bös-ch e
svoulan in movimaints ruduonds giò per terra.
Daman o puschman sarà la siringia plain
buttuns verd clers. Intant sta'la là sco scha
nüglia nu füss, pozzada cunter la saiv dal üert.

Der Ahorn ist noch nackt. Nur trockene Blätter und Früchte des letzten Jahres hängen an seinen Zweigen. Wenn der Ahorn unruhig ist, lösen sich einige jener Propellerchen vom Baum und fliegen in kreisenden Bewegungen zur Erde herab. Morgen oder übermorgen wird der Flieder voller hellgrüner Knospen sein. Aber noch steht er da, wie wenn nichts wäre, angelehnt an den Gartenzaun.

Dadoura esa sulai. Eu n'ha trat la tenda gelgua da l'üsch da lobgia. L'ur da la stoffa bütta sumbrivas sco uondas giosom la lastra. Sün tet algua la naiv ed ils guots croudan giò da la chanal sül fuond da la lobgia. Eu nu vez il fuond da betun cull'aua coura, ma cur cha'ls guots as plachan esa sco scha alch as mettess cunter, sco sch'els gnissan büttats ün zich inavo, ed eu pens als movimaints da giallinas chi piclan sü granins, sternüts per quai suot cun üna litania da pulapulapulas.

Lura passa il sulai davo il Godin da Portas via, ils guots croudan plü s-chars. - Eu n'ha jent il gelg da la tenda. Eir il gelg da las crisantemas sün teis vaschè. Ed il gelg da l'auto da posta chi's ferma davant mai. Tü am vainst incunter, inchün cloma, ed in chaminond vers chasa dumondast che chi detta da tschaina.

Draussen scheint die Sonne. Ich habe den gelben Vorhang der Balkontüre zugezogen. Der Rand des Stoffes wirft wellenförmige Schatten zuunterst auf die Scheibe. Auf dem Dach schmilzt der Schnee und die Tropfen fallen von der Dachrinne auf den Boden des Balkons. Ich sehe den Betonboden mit dem Wasser draussen nicht, aber wenn die Tropfen hinunterklatschen, ist es, wie wenn sich etwas dagegen stellte, wie wenn sie ein wenig zurückgeworfen würden, und ich denke an die Bewegungen der Hühner, die die Körner auf-picken, die ich streue - komm bibibibi, einer Litanei gleich.

Dann geht die Sonne hinter dem *Godin da Portas** weg, die Tropfen fallen seltener. - Ich habe das Gelb des Vorhanges gern. Auch das Gelb der Chrysanthemen auf deinem Sarg. Und das Gelb des Postautos, das vor mir hält. Du kommst mir entgegen, jemand ruft, und auf dem Weg nach Hause fragst du, was es zum Nachtessen gebe.

I basta üna sfladada dad öla bugliainta, la savur da pommes frites, lura es quia la maisa ruduonda culla giuventüna, il füm, ils magöls da biera culs urs da s-chima. Las maisas sun bain occupadas, id es venderdi o sonda saira. Tuot chi discuorra e ria tanterglioter e mangia e baiva, tanteraint la canera da la maschina da cafè, da la cassa. Id es chod, ma tü hast laschà aint tia giacca naira da chürom. Da temp in temp staivat in pè per far viva, ed i vain plü dad ot. Tü toccast pro e cur cha tü pajast, mettast la bancanota cun ün cloc sün maisa.

Aint per la not doda a tai a gnir our d'ün auto, aint da porta e sü da s-chala. Suot l'üsch da nossa chombra es üna stribla da glüm chi vain aint da palantschin. Dadour fanestra es l'ascher. Eu nu til vez, ma eu sa ch'el sta là sainza as muantar.

Ein Hauch von heissem Öl, der Geruch von Pommes frites, dann ist der runde Tisch da mit der Dorfjugend, der Rauch, die Biergläser mit den Schaumrändern. Die Tische sind gut besetzt, es ist Freitag- oder Samstagabend. Alles schwatzt und lacht durcheinander und isst und trinkt, dazwischen der Lärm der Kaffeemaschine, der Kasse. Es ist warm, aber du hast deine schwarze Lederjacke anbehalten. Von Zeit zu Zeit steht ihr auf um euch zuzuprosten, und es wird lauter. Du gehörst dazu, und wenn du zahlst, knallst du die Banknote auf den Tisch.

Spät nachts höre ich dich aus einem Auto steigen, zur Tür herein- und dann die Treppe heraufkommen. Unter der Tür unseres Schlafzimmers ist ein Lichtstreifen, der vom Estrich hereinkommt. Vor dem Fenster steht der Ahorn. Ich sehe ihn nicht, aber ich weiss, er ist da, ohne sich zu rühren.

Il mariner

Il mariner parta da chasa sainza far pled.
El lascha inavo seis chan, sia trocla cun
cassettas e sia palma dadaint fanestra da
chombra. Apaina ch'el riva sül bastimaint
tiran ils homens sü l'ancra e la barcha ban-
duna il port cun ün sun lung e monoton.
Quant grond cha'l mar es. La barcha va e va.
Il mariner sta cun chommas sbrajazzadas sülla
punt da la barcha. El ria e blastemma cun seis
cumpogns e spüda giò sül fuond. Minchatant
cur cha'l mar es propcha quiet as palpa ün da
seis sömmis tras las chafuollezzas da l'aua e
tuorna inavo cun üna lindorna da mar. Ella
glüscha aint il sulai. Dodast co chi chantan, ils
mariners. I savuran da catram, da pesch e sal.
La barcha va adüna plü dalöntsch fin chi resta
be il mar.

Der Matrose

Der Matrose geht wortlos aus dem Haus.
Er lässt seinen Hund zurück, seine Schachtel
mit Kassetten und seine Palme vor dem
Schlafzimmerfenster. Kaum ist er auf dem
Dampfer, ziehen die Männer den Anker herauf
und das Schiff verlässt den Hafen mit einem
lauten langgezogenen Ton. Wie gross das
Meer ist. Das Schiff fährt und fährt. Der Mat-
rose steht mit gespreizten Beinen auf der
Schiffsbrücke. Er lacht und flucht mit seinen
Kumpanen und spuckt auf den Boden. Manch-
mal, wenn das Meer wirklich ruhig ist, tastet
sich einer seiner Träume durch die Tiefen des
Wassers und kehrt mit einer Meeresschnecke
zurück. Sie glänzt in der Sonne. Hörst du, wie
sie singen, die Matrosen. Sie riechen nach
Teer, nach Fisch und Salz. Das Schiff fährt
immer weiter weg, bis nur das Meer bleibt.

Tü cugnuoschast tuot quia, la via champestra chi's perda minchatant aint il pas-ch, ils bastuns e'ls roms sechs sternüts perquaivia, ils muottins e las foppas, la crappa, ed il puoz, pitschen e mez creschü aint dadaint la saiv da lain. Fingià d'ün toc davent n'haja dudi ils cloms dals mas-chels. Apaina ch'eu sun rivada nan pro la saiv e m'ha pozzada sün üna latta esa gnü quiet. Eu sun statta salda e n'ha spettà. Dapertuot ruos-chs e ranas, ün sün tschel, ma sainza as muantar. Per ün mumaint para il puoz striunà. Mo lura cumainza a's mouver, ün gnir e star e svanir. Ün pêr femninas noudan cul mas-chel sülla rain. Aint il puoz esa föglias brünas, a la riva ün ruos-ch mort in rain. Ün pa plü invia siglia üna rana aint ill'aua ed il ruos-ch mort as muainta. Our da las chonnas vegnan darcheu ils cloms monotons chi creschan e chalan e creschan. Tschel on d'eira il puoz amo inglatschà da quist temp. Ma ils ruos-chs e las ranas vaivan ruot tras il glatsch. Els d'eiran sternüts aint illa naiv, mantunins s-chürs ed immovibels.

Cur ch'eu vegn via pro l'En est tü fingià là. Id es stà e mezdi ed i passa üna barcha da gomma

Du kennst alles hier, den Feldweg, der sich manchmal in der Weide verliert, die herumliegenden Stecken und dürren Äste, die kleinen Hügel und Mulden, die Steine und den Teich, klein und halb eingewachsen innerhalb des Holzzauns. Schon von weitem habe ich die Rufe der Männchen gehört. Kaum habe ich den Zaun erreicht und mich auf eine Latte gestützt, ist es ruhig geworden. Ich bin still geblieben und habe gewartet. Überall Kröten und Frösche, aufeinander, aber ohne sich zu bewegen. Für einen Augenblick scheint der Teich verhext. Aber dann beginnt es sich zu regen, ein Kommen, Verweilen, Verschwinden. Ein paar Weibchen schwimmen, das Männchen auf dem Rücken. Im Teich sind braune Blätter, am Ufer eine tote Kröte, den Bauch nach oben. Etwas weiter weg springt ein Frosch ins Wasser, und die tote Kröte bewegt sich. Aus dem Schilf kommen wieder die monotonen Rufe, die anschwellen, abschwellen, anschwellen. Letztes Jahr war der Teich um diese Zeit noch zugefroren. Aber die Kröten und Frösche hatten das Eis durchbrochen. Sie lagen verstreut im Schnee, dunkle und unbewegliche Häufchen.

cun homens chi chantan. Tü stast qua in pè e guardast. Lura bütta ün dals homens nan üna balla cotschna. No provain da tilla tschüffer, ma ella ans schmütscha e passa davo l'aua, pac davent da la riva.

Als ich zum Inn hinübergehe, bist du schon da.
Es ist Sommer und Mittag, und ein Schlauch-
boot mit singenden Männern fährt vorbei. Du
stehst da und schaust. Dann wirft dir einer der
Männer einen roten Ball zu. Wir versuchen ihn
zu fangen, aber er entwischt uns und schwimmt
mit dem Wasser davon, nur wenig vom Ufer
entfernt.

Aint il tren savura da malesser. I tira aint da
fanestra. Il vagun es bod vöd. Davovart sfuschi-
gna inchün aint in alch tas-cha o s-charnütsch
da palperi. Üna giuvna taidla musica cun ün
walkman. Eu dod be il tun monoton: pum,
pum, pum. Eu ser ils ögls e poz il cheu cunter
la spuonda dal banc. Pum, pum, pum. Eir la
musica savura. Tuot ha sia savur: dis, rumuors,
mumaints. Las duos uras tanter las tschinch e
las set cur cha la duonna croata cuschina seis
trat da giabus, per exaimpel. Lur savur impli-
scha l'abitaziun, raiva sü da las paraids, passa
tras il plafuond e's derasa eir aint ill'abitaziun
sura, as plaja intuorn l'elefant da stoffa pichà
vi dal tschêl sura, intuorn la coppa cun frütta
sün maisa, intuorn las fatschas süllas fotogra-
fias e's ferma aint illas tendas blauas da la
stanza da durmir. E las uras chi savuran da
vegl, sü davant la chaista da palantschin
averta, üna savur chi va tras ils ögls e'l mans,
chi fa sentir tuot in ün dandet üna tscherta
stuorndà da tant passà, da tant incuntschaint e
tuottüna cuntschaint.

E da dalöntsch la savur da dumengias culs
stinvs da lana da bescha sün davo pigna, cul

Im Zug riecht es nach Unbehagen. Es zieht zum Fenster herein. Der Wagen ist fast leer. Hinten kramt jemand in einer Tasche oder einem Papiersack. Eine junge Frau hört Musik aus einem Walkman. Ich höre nur das gleichförmige pum, pum, pum. Ich schliesse die Augen und lehne den Kopf an die Banklehne. Pum, pum, pum. Auch die Musik riecht. Alles hat seinen Geruch: Tage, Geräusche, Augenblicke. Die zwei Stunden zwischen fünf und sieben zum Beispiel, wenn die Frau aus Kroatien ihr Kohlgericht kocht. Der Geruch füllt die Wohnung, kriecht die Wände hoch, kommt durch den Fussboden und breitet sich auch in der oberen Wohnung aus, wickelt sich um den an der Decke aufgehängten Stoffelefanten, um die Früchteschale auf dem Tisch, um die Gesichter auf den Fotografien und dringt bis in die blauen Vorhänge im Schlafzimmer. Und die Stunden, die alt riechen, vor der offenen Kiste im Estrich, ein Geruch, der durch die Augen und Hände hindurchgeht, der plötzlich eine gewisse Trunkenheit vor so viel Vergangenem aufkommen lässt, vor so viel Unbekanntem und doch Bekanntem.

credo e'l sanctus dal coro viril, cul rost e la
mösa da mailinterra e cullas sairas chi spettan
cun dumondas chi han dachefar alch, eir schi
nu's sa che, cull'aua giò la val e cullas stailas ot
sü sur la baselgia.

Und von weitem der Geruch von Sonntag, mit den Schafwollsocken hinten auf dem Ofen, mit dem Credo und dem Sanctus des Männerchors, mit dem Braten und dem Kartoffelstock und den Abenden, die Fragen stellen, welche etwas mit dem Wasser zu tun haben unten im Tal - auch wenn man nicht weiss was - und mit den Sternen hoch über der Kirche.

La fanestra da stüva es averta. Inchün sfenda laina coura. Ün standschen va, tanteraint chanta ün gial. Sül ascher as dispittan ils paslers. Uossa vain üna maschina. Duos maschinas. Ellas passan speravia e tschai es darcheu qua. Our da las stallas as doda s-chellas, lura inclur üna duonna chi cloma ed ün uffant chi dà resposta. Ün auto vain e va. Üna maschina. Il vent bütta sfladadas da zocca aint da fanestra. - Üna minuta d'ün di d'avrigl. - Aint in piertan esa s-chür e fraid. Eu vegn oura sün porta. Il giat s'ha miss stais e lung süllas plattas davant chasa. Seis fol glüscha. Il sulai s-choda mia fatscha, meis mans, meis vainter. Eu ser ils ögls ed il sulai es ün pled. Eu til guard, eu til pronunzch. El vain adüna plü ester. Seis cling, sia fuorma, tuot para nouv, ün pled ch'eu n'ha scuvert güsta in quist mumaint. SULAI. E fingià è'l giò sper l'En e s-choda il siblun, tant cha davo üna pezza stuvaina tour e mütschir aint illa sumbriva. Id es qua la bos-cha e la crappa, i sun qua las barchas da gomma cun homens e duonnas chi dan da la bratscha e cloman e rian e passan speravia. E tü riast eir e tscherchast teis apparat da fotografar.

Das Stubenfenster ist offen. Jemand spaltet Holz draussen. Es rinnt von der Dachtraufe, ein Hahn kräht. Auf dem Ahorn streiten die Spatzen. Jetzt kommt ein Traktor. Zwei Traktoren. Sie fahren vorbei, und dann ist das Andere wieder da. Aus den Ställen hört man Schellen*, dann irgendwo eine Frau die ruft, und ein Kind das Antwort gibt. Ein Auto kommt und fährt weg. Ein Traktor. Der Wind weht Güllegeruch zum Fenster herein. - Eine Minute eines Apriltages. - Im Hausgang ist es dunkel und kalt. Ich gehe zur Haustür. Die Katze hat sich ausgestreckt auf den Platten vor dem Haus. Ihr Fell glänzt. Die Sonne wärmt mein Gesicht, meine Hände, meinen Bauch. Ich schliesse die Augen und die Sonne ist ein Wort. Ich betrachte es, ich spreche es aus. Es wird immer fremder. Sein Klang, seine Form, alles scheint neu, ein Wort, das ich gerade in diesem Augenblick entdeckt habe. SONNE. Und schon ist sie am Inn unten und wärmt den Sand, so dass wir nach einer Weile in den Schatten flüchten müssen. Die Bäume sind da und die Steine, die Schlauchboote sind da mit Männern und Frauen, die winken und rufen und lachen und vorbeifahren. Und du lachst auch und suchst deinen Fotoapparat.

D'inviern, cur cha l'En passa müt davo las rivas, vezzarana als homens ed a las duonnas in lur büschmaints sgiagliats sülla taila vi da la paraid da stüva.

Im Winter, wenn der Inn stumm an den Ufern vorbeifliesst, werden wir die Männer und Frauen in ihren bunten Anzügen auf der Leinwand in der Stube sehen.

Eu m'impais «mar» e tü est in schnuoglias e
ramassast siblun e fast cun teis cumpogns
tuors e cuvels, e davo tai las uondas sglischan
aint da la riva e piglian inavo las crouslas da las
coquiglias cha tü vaivast pozzà là – e dan e
piglian.

Eu pens «spejel dal mar» e no stain sün lobgia,
guardain oura süll'aua e savain per ün mumaint
cha'l sbrai da la muetta müda il mar.

Eu pens «spejel» e tü at guardast in fatscha e
dist schmaladi mongoloïd.

Ich denke «Meer» und du bist auf den Knien und häufst Sand und baust mit deinen Freunden Türme und Höhlen, und hinter dir gleiten die Wellen vom Strand heran und nehmen die Schalen der Muscheln mit, die du dort hingelegt hattest, - und geben und nehmen.

Ich denke «Meeresspiegel» und wir sind auf dem Balkon, schauen hinaus auf das Wasser und wissen für einen Augenblick, dass der Schrei der Möwe das Meer verändert.

Ich denke «Spiegel» und du schaust dir ins Gesicht und sagst verdammter Mongoloide.

Intant cha no tschnain stira il vent vi dal baduogn, schlavazza guots aint per la fanestra e fa ün sot curius culla siringia in flur. L'ura da clucher batta la mezza. Uossa vainst tü giò da giassa e rivast il portel. Eu dod teis pass our in piertan. Tü discuorrast alch be dapertai. - Our in lobgia es cupichà il stevi cull'altschiva. Davo paca pezza as balcha il vent ed i vain il sulai. Ils guots glüschan süllas föglias dal baduogn ed il cuacotschen as placha sün üna manzina. Eir las randulinas cumainzan darcheu a svolar intuorn. Üna jada vaivna fat lur gnieu sur la fanestra da tia chombra e d'utuon d'eirna passadas sainza cha no vessan badà. Cur ch'eu sez sül mürin dal sunteri possa verer bain co ch'ellas svoulan sü e giò. Be sper meis cheu via filna e passan leivas sur las fossas via.

Eu stun fin chi suna sain da not. Las vuschs dals uffants van as perdond. Il vent es cavia aint ils pins cur ch'eu pass oura e giò da la senda.

Während des Nachtessens zerrt der Wind an der Birke, klatscht Tropfen an das Fenster und macht einen seltsamen Tanz mit dem blühenden Flieder. Die Kirchturmuhr schlägt die halbe Stunde. Jetzt kommst du die Gasse herab und öffnest die Haustür. Ich höre deine Schritte im Hausgang. Du murmelst etwas vor dich hin. - Draussen auf dem Balkon ist der Stewi mit der Wäsche umgestürzt. Nach kurzer Zeit beruhigt sich der Wind und die Sonne kommt. Die Tropfen glänzen auf den Blättern der Birke und das Rotschwänzchen fliegt auf einen Zweig. Auch die Schwalben beginnen wieder umherzufliegen. Einmal hatten sie ihr Nest über deinem Schlafzimmerfenster gebaut, und im Herbst waren sie weggeflogen, ohne dass wir es bemerkt hätten. Wenn ich auf dem Friedhofmäuerchen sitze, kann ich gut sehen, wie sie auf und ab fliegen. Ganz nahe an meinem Kopf vorbei flitzen sie und fliegen leicht über die Gräber hinweg.

Ich bleibe bis die Abendglocke* läutet. Die Stimmen der Kinder verlieren sich. Der Wind ist drüben in den Tannen. Ich gehe hinaus und den Fussweg hinunter.

Il sudà

I d'eiran trais sudats chi gnivan da la guerra,
rum e rum e pitipum, chi gnivan da la guerra.

El trapluna aint ed oura da piertan. Aint ed
oura. Rum e rum e pitipum. Cul turnister sülla
rain e'l schluppet sülla spadla. Sudats rian
dinrar. Mo aint il tren ri'na. Ed in ustaria, culla
butiglia biera aint in man. Tilla tegnan e fan
baldoria, quintan vizs e rupchan. Eir cur chi
stan a sulai ri'na, in rain sül prà, la bratscha in
crusch suot il cheu. I fan stincals, serran ils
ögls e tils rivan ün zichin malapaina ch'üna
sumbriva mütscha suravia. Ils sudats aint illa
televisiun nu fan stincals. I stan in vainter e
meran. I cuorran e mouran. Sü cul schluppet,
giò cul schluppet, aint ed oura da piertan. Il
sudà. Ils sudats. La sudada.

Ed ün da quels trais portaiva üna rösa.

Il sudà vain our da porta e guarda co cha'ls
homens s-chargian las ballas da strom.
La puolvra chi's derasa fa tuossir ün pa. Ils
homens lavuran svelt. Els chatschan la dainta

Der Soldat

I d'eiran trais sudats chi gnivan da la guerra, rum e rum e pitipum, chi gnivan da la guerra.*

Er poltert im Hausgang hin und her. Hin und her. *Rum e rum e pitipum.* Mit dem Tornister auf dem Rücken und dem geschulterten Gewehr. Soldaten lachen selten. Aber im Zug lachen sie. Und in der Wirtschaft, mit der Bierflasche in der Hand. Sie halten sie und lärmen, erzählen Witze und rülpsen. Auch wenn sie an der Sonne liegen, lachen sie, auf dem Rücken in der Wiese, die Arme unter dem Kopf verschränkt. Sie blödeln, schliessen die Augen und öffnen sie ein bisschen, sobald ein Schatten darüber huscht. Die Soldaten im Fernsehen blödeln nicht. Sie liegen auf dem Bauch und zielen. Sie rennen und sterben. Gewehr auf, Gewehr ab, im Hausgang hin und her. Der Soldat. Die Soldaten. Alle Soldaten.

Ed ün da quels trais portaiva üna rösa.*

Der Soldat kommt zur Tür heraus und schaut, wie die Männer Strohballen abladen. Der

suotaint las cordas, dozan las ballas cun ün
ruc, as volvan e tillas büttan giò dal char. Ün
piglia oura seis fazöl, fa giò il nas, as terdscha
davent las süjuors da la fatscha e dal culöz e
dà darcheu man il strom. Sia bratscha es
ferma. Stromins tachan vi dal pail.

La rösa es amo serrada, culs petalins lovats
clos ün cunter tschel, loms e cotschens.

Il chan sta be salda cur cha'l sudà passa cun
seis man sur il fol. Via e nan va'l, il man, ingiò
ed insü. Il chan es chod e lom.

Il sudà as tschainta sül s-chalin giosom da la
s-chala da palantschin. El guarda giò sün sias
s-charpas. Cur cha'ls sudats sun stanguels as
büttna giò a mez quai e dorman. I groflan ed i
sömgian. Lingiadas da sudats. Rum e rum e
pitipum ... Lingiadas e lingiadas.

Staub verbreitet sich und sie husten ein wenig.
Die Männer arbeiten schnell. Sie klemmen die
Finger unter die Schnüre, heben die Ballen mit
einem Ruck, drehen sich und werfen sie vom
Wagen herab. Einer nimmt sein Taschentuch,
putzt sich die Nase, wischt sich den Schweiss
vom Gesicht und vom Hals und packt wieder
das Stroh. Seine Arme sind stark. Strohhalme
kleben an den Haaren.

Die Rose ist noch geschlossen, die Blütenblät-
ter eng aneinander geschmiegt, weich und rot.

Der Hund bleibt ganz ruhig, während der Sol-
dat mit der Hand über sein Fell streicht. Hin
und her geht sie, die Hand, ab und auf. Der
Hund ist warm und weich.

Der Soldat setzt sich auf die unterste Stufe der
Estrichtreppe. Er schaut auf seine Schuhe
hinunter. Wenn die Soldaten müde sind, legen
sie sich irgendwo hin und schlafen. Sie schnar-
chen und träumen. Lange Reihen von Solda-
ten. *Rum e rum e pitipum* … Reihen und Reihen.

Il di s'ha palpà da cavia nan vers la riva ed ün mumaint plü tard es il lai sglischà suot üna pelizza d'argient. Eu stun davant la fanestra averta e tir aint chafuol l'ajer ümid. Meis sömmis restan minchatant quia e's splajan adüna darcheu davant mai e's maisdan aint in meis minchadi.

Tü nu t'algordast bod mai da teis sömmis. La daman as fu'na culla not aint in ün chantun da la stanza e sun dandettamaing davent. Tü at drizzast sü aint in let, suosdast, e teis corp fiac nu sa inandret ingio cumanzar il di. Quista not staivast dasper mai, lom, müt, cun ün'ögliada absainta. Eu m'ha sdruagliada, e subit d'eira quia l'aua dal lai chi tuorna a la riva e tuorna. Ün sflatschöz d'eira coura ed ün cular, masdügls da rumuors bletschas ed estras.

Der Tag hat sich von drüben an das Ufer herangetastet und einen Augenblick später ist der See unter einen silbernen Pelz geglitten. Ich stehe vor dem offenen Fenster und atme tief die feuchte Luft ein. Meine Träume bleiben manchmal da und breiten sich immer wieder vor mir aus und vermischen sich mit meinem Alltag.

Du erinnerst dich fast nie an deine Träume. Am Morgen flüchten sie mit der Nacht in eine Ecke des Zimmers und sind plötzlich weg. Du richtest dich auf im Bett, gähnst, und dein matter Körper weiss nicht recht, wo den Tag beginnen. Diese Nacht warst du neben mir, weich, stumm, mit einem abwesenden Blick. Ich erwachte, und sofort war das Wasser des Sees da, das wieder und wieder zum Ufer fliesst. Ein Geplätscher war draussen und ein Fliessen, Geräusche, nass und fremd.

La cuverta quadrigliada culla marenda, il sulai e'l riöz, intuorn ed intuorn siblun, crappa, salschs e l'En. Plü tard tü chi sezzast a pè scuz sün ün crap e pes-chast e chantast *vieni sulla barche-e-tta*. Tü guardast a gnir l'En ed eu guard co ch'el passa, guard fin ch'eu sun ün uffant, e l'En riva pro la punt da lain, speravia il Grand Hotel culs üschous blaus. Signuors cun chommas ün pa airas van a spass, signuras portan chanins sparmalats sün bratsch. Aint il hotel mainan pons cotschens directamaing aint il paradis. Dapertuot giran camarieras e camariers cun movimaints d'argient e cloccan sün üschs serrats culla clav. I savura da tschiculatta choda e da sfögliada.

E coura il parc cullas fluors, cul verd e cul sulai tut a fit per quella glieud chi spassegia in mantels da bogn via e nan o chi sezza intuorn maisas allegras. Mo lura vain l'inviern. Il parc es dschet, ils üschous sun serrats. Sur il Grand Hotel sta la bos-cha sombra. Suot il parc passa l'En e nun ha jent schi's püffa our dals cuccars da la punt, co ch'el passa via e davo la storta. - L'En nu

Die karierte Decke mit dem Zvieri*, die Sonne und das Lachen, rundum Sand, Steine, Weiden und der Inn. Später sitzt du barfuss auf einem Stein. Du fischst und singst *vieni sulla barche-e-tta*. Du schaust, wie der Inn heranfliesst, und ich schaue, wie er vorbeizieht, schaue, bis ich ein Kind bin und der Inn die Holzbrücke erreicht, am Grand Hotel mit den blauen Fensterläden vorbei. Herren mit etwas steifen Beinen gehen spazieren, Damen tragen beleidigte Hündchen auf dem Arm. Im Hotel führen rote Teppiche direkt ins Paradies. Überall schwirren Kellnerinnen und Kellner mit Silber umher und klopfen an verschlossene Türen. Es riecht nach heisser Schokolade und Gebäck.

Und draussen der Park mit den Blumen, mit dem Grün und mit der für diese Leute gemieteten Sonne. Sie spazieren im Bademantel hin und her oder bilden fröhliche Tischrunden. Doch dann kommt der Winter. Der Park ist gefroren, die Fensterläden sind geschlossen. Über dem Grand Hotel steht der finstere Wald. Unten beim Park fliesst der Inn und hat es nicht gern, wenn man ihn aus den Gucklöchern der Brücke anstarrt, wie er vorbeifliesst und in der cumainza ninglur. El finischa aint il mar, ma il mar es uschè dalöntsch davent, cha l'En mai nu riva fin là.

Kurve verschwindet. - Der Inn beginnt nirgends. Er endet im Meer, aber das Meer ist so weit weg, dass der Inn nie bis dorthin gelangt.

In mia memoria düra la stà be pacs dis.
I sun qua quels dis chi bruschan sül banc
davant porta e sülla prada pro'l far cun fain.
Giò'n üert sta tuot salda, las culuors s'han
retrattas ün pa, perfin il cotschen-orandsch
da las machöas chi sun amo in flur. Ils esters
tscherchan restorants ed i savura da fain e
da motors bugliaints. La chalur es aint il auto
da posta stachi e suot cumün pro'ls papa-
vers sur la chünetta. Id es qua eir ün o tschel
di cha tü nu't saintast bain e stast giò per
cuotscha e'm tirast adimmaint cha no laivan
ir üna jada culla barcha davo l'En fin pro'l
Danubi. Lura sun qua ils dis da plövgia cun
tschieras chi vegnan sü da la val e stan
intuorn fin cha las chavras tuornan a chasa
sbeglond e's squassan avant co ir aint in
stalla. Süls placats chi glüschan our dal
grisch vain bainbod il circus, e davant min-
chün cha tü scuvrischast dast ün güvel. Ed ün
di sezzast tanter uffants e creschüts aint illa
tenda mez s-chüra chi's transmüda per ün
pêr uras in ün muond miraculus. Tü tuornast
a chasa cun pass leivs e per ün pa es tuot
quel muond aint in tia ögliada. E forsa, cur
chi't vain la crida be a l'improvista, esa

In meiner Erinnerung dauert der Sommer nur wenige Tage. Es sind jene Tage, die auf die Bank vor dem Hauseingang brennen und auf die Wiesen beim Heuen. Unten im Garten ist alles still, die Farben haben sich ein wenig zurückgezogen, sogar das Orangerot der Feuerlilien, die noch blühen. Die Touristen suchen Restaurants und es riecht nach Heu und nach kochenden Motoren. Die Hitze ist im überfüllten Postauto und unterhalb des Dorfes beim Klatschmohn über dem Strassengraben. Da ist auch der eine oder andere Tag, an dem du dich nicht gut fühlst und dich auf die Ofenbank legst und mich daran erinnerst, dass wir einmal mit dem Schiff fahren wollten, auf dem Inn bis zur Donau. Dann sind die Regentage da, mit Nebelschwaden, die das Tal heraufsteigen und bleiben, bis die Ziegen meckernd nach Hause kommen und sich schütteln, bevor sie in den Stall hineingehen. Auf den Plakaten, die aus dem Grau leuchten, kommt bald der Zirkus, und vor jedem, das du entdeckst, jauchzt du. Und eines Tages sitzt du zwischen Kindern und Erwachsenen im halbdunklen Zelt, das sich für einige Stunden in eine Wunderwelt verwandelt. Du kehrst mit

pervia dals clowns o pervia da la suldüm da las
rulottas chi bandunan ils cumüns e las citads.

leichten Schritten nach Hause zurück und für eine Weile ist jene Welt in deinen Augen. Und vielleicht, wenn du plötzlich weinen musst, ist es wegen der Clowns oder wegen der Einsamkeit der Wohnwagen, die die Dörfer und Städte verlassen.

Robinson I

Il papagagl da Robinson ha pennas cotsch-
nas e blauas. Seis ögls sieuan a mincha
movimaint da seis patrun. I sun movimaints
regulars e sgürs, tanteraint ün movimaint
dindet, inaspettà, e'l papagagl vain per ün
mumaint inquiet. Mincha di as tschainta'l
sülla spadla da Robinson e til accumpogna
sün sias gitas per l'isla intuorn. Cur cha
Robinson tschercha cun ögliada malsgüra la
lingia ingio cha tschêl e mar as toccan, til
cufforta il papagagl cun seis pical dür e cun
seis sbrais racs. El ria, fa stincals e sigliuotta
per quai d'intuorn.

Be da not es Robinson tuot sulet, e cur cha
las uondas srantunan infin aint in seis söm-
mis dà'l ün sbrai e's drizza sü in seis cuz.
Lura nu chatta'l plü la sön. El schmaladischa
la suldüm da las sumbrivas süllas paraids dal
cuvel e spetta cun paca spranza a gnir di.

Robinson I

Der Papagei von Robinson hat rote und blaue
Federn. Seine Augen folgen jeder Bewegung
seines Meisters. Es sind regelmässige und
sichere Bewegungen, dazwischen eine jähe,
unerwartete, und der Papagei wird für einen
Augenblick unruhig. Jeden Tag setzt er sich auf
die Schulter von Robinson und begleitet ihn
bei seinen Streifzügen auf der Insel. Wenn
Robinson mit unsicherem Blick die Linie
sucht, wo Himmel und Meer sich berühren,
tröstet ihn der Papagei mit seinem harten
Schnabel und mit seinen rauhen Schreien.
Er lacht, macht Spässe und hüpft umher.

Nur nachts ist Robinson ganz allein, und
wenn die Wellen bis in seine Träume donnern,
schreit er und richtet sich auf in seinem Bett*.
Dann findet er den Schlaf nicht mehr. Er
verflucht die Einsamkeit der Schatten auf den
Höhlenwänden und wartet, mit wenig Hoff-
nung, dass es Tag wird.

Robinson II

Robinson sta giò pro l'En. Cur chi vain saira sglischa'l aint in seis sach da durmir. Sur el es il tschêl staili, dasper el passa l'En. Adüna inavant passa'l, mo las stailas stan quia. Robinson cugnuoscha las stailas. Tschertas sairas glüsch'na be per el, til vegnan incunter e til tschögnan. Otras sairas nu til dana gnanca bada. Stan be là sü e stan sco sch'el nu füss. Cur ch'el as sdruaglia passa l'En amo adüna, il tschêl es blau uossa ed uschè avert sco il di chi cumainza. Robinson sta sü, fa ün fö e's s-choda ils mans. Plü tard passa'l sü e giò da la riva e pes-cha. Ils peschs sbiattan e's stordschan aint in seis mans. Cur chi vain massa chod as giaschainta'l aint illa sumbriva dals collers. Aint in sia tas-cha sun ils peschs morts, plajats aint in ün süaintamans.

Robinson II

Robinson wohnt unten am Inn. Wenn es
Abend wird, kriecht er in seinen Schlafsack.
Über ihm ist der Sternenhimmel, neben ihm
fliesst der Inn. Immer weiter fliesst er, aber die
Sterne bleiben hier. Robinson kennt die
Sterne. An gewissen Abenden leuchten sie
nur für ihn, kommen ihm entgegen und win-
ken ihm zu. An anderen Abenden bemerken
sie ihn nicht einmal. Sind einfach da oben
und sind da, wie wenn er nicht wäre. Wenn er
erwacht, fliesst der Inn noch immer vorbei.
Der Himmel ist jetzt blau und so offen wie der
anbrechende Tag. Robinson steht auf, macht
ein Feuer und wärmt sich die Hände. Später
geht er am Ufer auf und ab und fischt. Die
Fische winden und krümmen sich in seinen
Händen. Wenn es zu heiss wird, legt er sich in
den Schatten der Haselsträucher. In seiner
Tasche sind die toten Fische, eingewickelt in
ein Handtuch.

Robinson III

Robinson sta aint in üna tenda a l'ur dal clerai.
Seis chavagl pasculescha d'ün ur dal god a
tschel, doza minchatant il cheu e maglia
inavant. Cur cha Robinson tuorna da chatscha
cun butin dà'l ün güvel tanter la bos-cha oura
e seis chavagl güzza las uraglias. Ils dis passan
e las nots. Mo cur cha la glüna vain sü davo
las chaplinas dals pins e dals larschs, clera e
taisa, as riva la tenda, Robinson vain oura,
guarda intuorn, fa ün sigl sül chavagl e davent
via vers il god. Id es stantus da traversar la not
ün god plain foppas, ragischs e tscheppa. Il
chavagl süa. Eir Robinson süa. El vain adüna
plü inquiet. A la fin rivna aint illa val, as fer-
man, vezzan davant els la via chi's stortiglia
daquaiaint. Il chavagl es malpazchaint e
trapligna. Robinson tegna clos las mastrinas
e til glischa il culöz süantà.

Lura vain'la da quaint oura - ella sül schimmel,
as tgnond be vi da sia comma e sainza sella,
als spruns in seis büschmaint alb, cun chavels
sventulonts, vain e passa sainza volver il cheu,
sainza dar nan ün'unica ögliada, galoppa

Robinson III

Robinson wohnt in einem Zelt am Rand der
Lichtung. Sein Pferd weidet von einem Wald-
rand zum anderen, hebt manchmal den Kopf
und frisst weiter. Wenn Robinson mit Beute von
der Jagd kommt, dringt sein Jauchzer durch die
Bäume und sein Pferd spitzt die Ohren. Die
Tage vergehen und die Nächte. Aber wenn der
Mond zwischen den Wipfeln der Tannen und
Lärchen aufgeht, klar und voll, öffnet sich das
Zelt, Robinson kommt heraus, schaut umher,
springt auf das Pferd und reitet zum Wald hin.
Es ist mühsam, in der Nacht einen Wald voller
Mulden, Wurzeln und Baumstrünke zu durch-
queren. Das Pferd schwitzt. Auch Robinson
schwitzt. Er wird immer unruhiger. Endlich
erreichen sie das Tal, halten an, sehen vor sich
den Weg, der sich hineinwindet*. Das Pferd ist
ungeduldig und scharrt. Robinson hält die
Zügel fest und streicht ihm über den schweiss-
nassen Hals.

Dann kommt sie aus dem Tal heraus - sie auf
dem Schimmel, hält sich nur an seiner Mähne,
ohne Sattel, galoppiert in ihrem weissen Kleid,

speravia e svanischa. La bos-cha e la crappa büttan sumbrivas sblachas aint il clerglüna.

Planet volva Robinson seis chavagl e tuorna vers chasa.

mit wehenden Haaren, kommt und fliegt
vorbei, ohne den Kopf zu wenden, ohne einen
einzigen Blick auf ihn zu werfen, galoppiert
weiter und verschwindet. Die Bäume und die
Steine werfen bleiche Schatten im Mondlicht.

Langsam wendet Robinson sein Pferd und
kehrt nach Hause zurück.*

Quista jada suna gnüda da suringiò, sur muots e tras foppas e darcheu sur muots.

E lura n'haja vis tuot in üna jada la chamonna ün toc plü aval, brün s-chüra e pitschna, suletta sün ün flach pas-ch e zuondra. Las gravas e las blaischs via da tschella vart da la val d'eiran fingià aint illa sumbriva. Qua nan s-chodaiva il sulai amo las paraids da la chamonna, la maisa cul banc davant porta ed il s-chandler grisch. Tü staivast pro'l büglin da lain, ün pa sgobà, e't lavaivast ils daints, las chommas sbrajazzadas, ils chavels gualivsü. I giaiva il vent, sco adüna vers saira, e l'aua faiva sigliuots giò dal chüern. Sper la saiv ils plümatschs da müs-chel, sainins e fastüjs. Eu n'ha dirvi la porta e'ls üschous.

Il Piz Plavna Dadaint implischa oura tuot il quader da la fanestra. Nüvlas passaivan be plan davo el via: ün giat sbarüffà, duos fatschas chi's daivan ün bütsch, ün immens scarafag, embrios. Eu sun statta lönch davant chamonna e n'ha guardà giò'n quista val sulvadia, grischa e solitaria. La grava cavia chi plascha uschè bain a tai para be üna gronda lengua sütta chi's sparta giosom in plüssas parts e separa la zuondra.

Dieses Mal bin ich von oben gekommen, über Hügel und durch Mulden und wieder über Hügel. Und dann habe ich plötzlich etwas weiter unten die Hütte gesehen, dunkelbraun und klein, allein auf einem Weidefleck mit Legföhren. Die Geröll- und Grashalden auf der anderen Talseite lagen bereits im Schatten. Hier wärmte die Sonne noch die Hüttenwände, den Tisch mit der Bank vor der Tür und die graue Holzbeige. Du standest am kleinen Holzbrunnen, ein bisschen gebückt, und hast dir die Zähne geputzt, die Beine gespreizt, die Haare geradeauf. Es windete, wie immer gegen Abend, und das Wasser floss unruhig aus der Röhre. Neben dem Zaun die Mooskissen, Glockenblumen und Halme. Ich habe die Tür und die Fensterläden geöffnet. Der *Piz Plavna Dadaint* füllt den ganzen Fensterrahmen aus. Wolken zogen langsam hinter ihm vorbei: eine struppige Katze, zwei Gesichter die sich küssten, ein riesiger Käfer, Embryonen. Ich bin lange vor der Hütte gestanden und habe in dieses wilde, graue und einsame Tal geschaut. Die Geröllhalde drüben auf der anderen Seite, die dir so gut gefällt, scheint eine grosse, trockene Zunge, die sich zuunterst mehrfach teilt und die Legföhren trennt.

Giosom la val as dudiva las s-chellas dal muvel süt chi tscherchaiva il pavel tanter glera e crappa. Davo il Piz Plavna via passaivan amo adüna nüvlas, ma plü svelt co avant. I vaivan griflas e boccunas avertas. Il tschêl d'eira in ün dischuorden. Eu n'ha tut oura meis orgel da bocca e n'ha sunà üna melodia per tai. Intant est tü passà sü da la grava e via vers il cuvel.

Unten im Tal hörte man die Glocken des Galtviehs, das zwischen Kies und Steinen nach Futter suchte. Hinter dem *Piz Plavna* zogen immer noch Wolken vorbei, aber schneller als vorher. Sie hatten Krallen und grosse offene Mäuler. Der Himmel war in Aufruhr. Ich habe meine Mundharmonika hervorgeholt und eine Melodie für dich gespielt. Unterdessen bist du die Geröllhalde hinaufgestiegen und auf die Höhle zugegangen.

I dà vent e las uondas sfrantunan plü ferm co uschigliö aint pel mür. Quist lai nu's pudessa pitturar. Id es sco cul tramunt dal sulai. I's po be star e guardar fin chi's es tuot in d'üna jada aint in stüvetta a maisa pro'l viers da tazzas, plats e sdunins, pro'l viers da sopchas chi vegnan stumpladas via e nan sül fuond da lain e pro tia vusch raca. Tuot discuorra tanter-glioter. La fanestra es averta, quaint esa s-chü-rin pervia da l'ascher coura, sün balcun il sulai culla savur da fain, la lastra spievla ün pical cuntrada. Eu cumainz a giovar culla fanestra, la cuntrada as muainta, eu sun darcheu üna matta, in pè aint in chadafö, davant la fane-stra averta, id es stà, aint il vaider la costa culla baselgia e'l sunteri, las cruschs da las fossas chi pendan sur il mür oura. Eu fetsch ir via e nan la fanestra, la baselgia sota, las cruschs as muaintan, il sulai s-choda meis man e meis scussal striblà. Quist cumün es be meis cumün, nouv ed oter.

Es windet und die Wellen schlagen stärker als sonst an die Mauer. Diesen See könnte man nicht malen. Es ist wie mit dem Sonnenuntergang. Man kann nur warten und schauen, bis man plötzlich in der Stube am Tisch sitzt, beim Geklapper der Tassen, Teller und Löffel, beim Geräusch der Stühle, die hin- und hergestossen werden auf dem Holzboden, und bei deiner rauhen Stimme. Alle sprechen durcheinander. Das Fenster ist offen, drinnen ist es ziemlich dunkel wegen des Ahorns, auf dem Sims die Sonne mit dem Geruch von Heu, die Fensterscheibe spiegelt ein Stück Landschaft. Ich fange an mit dem Fenster zu spielen, die Landschaft bewegt sich, ich bin wieder ein Mädchen, stehe in der Küche vor dem offenen Fenster, es ist Sommer, im Fensterglas der Abhang mit der Kirche und dem Friedhof, die Grabkreuze, die über die Mauer hinausragen. Ich bewege das Fenster hin und her, die Kirche tanzt, die Kreuze bewegen sich, die Sonne wärmt meine Hand und meine gestreifte Schürze. Dieses Dorf ist nur mein Dorf, neu und anders.

Our dal s-chürin suord dal palantschin splintran incunter las s-chaffas e las cumodas, daspera barluns nairs, troclas e plunder. Aint il album sun fotografias in alb e nair. Fatschas estras e seriusas, d'inrar üna chi fa minz da rier. Ils chaschuots van amo adüna greiv. I sun plains stachits. Roba d'inviern, büschmainta da poppas, mascras e mascradas. Aint illa s-chaffa gronda pendan ils mantels e las giaccas. E quia tias sandalinas cotschen s-chüras cul chalchogn ot e culla tschinta per plajar intuorn il ravel e la fibla da metal per serrar. Davantvart las trais fourinas in fuorma da pignous sco decoraziun. Las soulas brün cleras cullas chavinas üsadas. I sun ün pa sfuormadas, tias s-charpas, impustüt la schnestra, ed il cotschen es schmari. «Petit Shoes» staja scrit süllas soulas, grondezza 18. Il «P» da la s-charpa dretta e'l «S» da la s-charpa schnestra nu's vezza bod na plü.

Aus dem dumpfen Halbdunkel des Estrichs blicken die Schränke und Kommoden entgegen, daneben schwarze Haufen, Schachteln und Plunder. Im Album sind Schwarzweiss-Fotografien. Fremde und ernste Gesichter, selten eines mit einem Anflug von Lächeln. Die Schubladen gehen immer noch streng. Sie sind übervoll. Wintersachen, Puppenkleider, Masken und Fasnachtsgewänder. Im grossen Schrank hängen die Mäntel und Jacken. Und hier deine kleinen dunkelroten Sandalen mit der hohen Ferse und dem Knöchelriemchen und der Metallschnalle zum Schliessen. Vorne verziert mit den drei ausgestanzten Löchlein wie Pinienkerne. Die hellbraunen Sohlen mit den abgenützten Rillen. Sie sind ein wenig aus der Form, deine Schuhe, vor allem der linke, und das Rot ist verblasst. «Petit Shoes» steht auf den Sohlen geschrieben, Grösse 18. Das «P» des rechten Schuhs und das «S» des linken Schuhs sieht man fast nicht mehr.

Eu schmach il pom e l'üsch dal tren as riva. Sül perrun esa travasch. Inchün discuorra our da l'otpledader. I tira ün pa, ma l'ajer es agreabel. Binari trais, legia, sco adüna, e da tschella vart binari duos. Eu chamin sül perrun, a schnestra il tren, a dretta il binari liber. Id es scumandà da traversar ils binaris. Be in cas specials fa ün impiegà da la viafier segn chi's possa passar suravia. Lura as metta ün pè davant tschel e s'ha l'impreschiun dad ir illa fosa direcziun. - Il char per transportar valischs e sachs da posta chi sta là sper la pütta da betun es vöd. Davo la pütta es l'apparat per svalütar las cartas dal tren. El es orandsch e dà subit in ögl cur chi's vain sü da s-chala. Sül binari duos riva il tren per Cuoira. I discuorran darcheu our da l'otpledader. Eu vegn giò da s-chala e pass tras il suotpassagi. Eir quia quella tscherta prescha ed i tira. Giò da la s-chala lura am vain incunter il chod ed il viers dal trafic. Sülla via passan autos, velos, duos töfs. E cavia davant il restorant sezza la glieud a sulai.

Ich drücke auf den Knopf, und die Zugtüre öffnet sich. Auf dem Perron ist Betrieb. Jemand spricht aus dem Lautsprecher. Es zieht ein wenig, aber die Luft ist angenehm. Gleis drei, lese ich, wie immer, und auf der anderen Seite Gleis zwei. Ich gehe auf dem Perron, links der Zug, rechts das freie Gleis. Überschreiten der Geleise verboten. Nur in Ausnahmefällen gibt der Bahnangestellte das Zeichen, dass man hinübergehen dürfe. Dann setzt man einen Fuss vor den anderen und hat den Eindruck, man gehe in die falsche Richtung. - Der Gepäckwagen für die Koffer und Postsäcke, der vor dem Betonpfosten steht, ist leer. Hinter dem Pfosten ist der Billet-Entwertungsautomat. Er ist orange und sticht sofort in die Augen, wenn man die Treppe hinaufkommt. Auf Gleis zwei fährt der Zug nach Chur ein. Die Stimme aus dem Lautsprecher ertönt wieder. Ich gehe die Treppe hinunter und durch die Unterführung. Auch hier diese gewisse Eile, und es zieht. Die Wärme und der Verkehrslärm kommen mir entgegen, die Treppe herunter. Auf der Strasse fahren Autos vorbei, Velos und zwei Motorräder. Und drüben vor dem Restaurant sitzen die Leute an der Sonne.

Dapertuot chanvats cun erba mez passa, ün canister da benzina scuflà, ed insects sainza fin aint in quist tamfitsch. Tü vainst da cagiò sü tras il prà, at fermast pro la crappa, pro'ls s-chaluns, rivast sü davant chamonna e't tschaintast sül banc. Tü glischast il cheu da teis chan e pigliast lura il spejel da champogna. Forsa cha via sülla spuonda esa inclur sulvaschina. Davant teis peis cuorran furmias vi e nan. L'üsch da chamonna es avert. Quaint buoglia l'aua. Cur ch'eu büt laint ils spaghettis stast tü dasper mai dretsü sper la platta e quintast alch. Eu nun incleg che cha tü dist. Schi lava't uossa ils mans, dia, e met ils plats sün maisa.

Plü tard chaminast aint da la via vers la punt. Las nüvlas van svelt. Our da la val vegnan esters. Da dalöntsch parna be puncts da culur chi's muaintan. Mo lura suna fingià qua e passan sper tai via. Ün uffant as volva e't guarda davo.

Überall Mahden mit halbwelkem Gras, ein geblähter Benzinkanister und unzählbare Insekten in dieser Schwüle. Du kommst durch die Wiese herauf, bleibst bei den Steinen stehen, bei den Stufen, kommst zur Hütte und setzt dich auf die Bank. Du streichelst den Kopf deines Hundes und nimmst dann den Feldstecher. Vielleicht ist auf dem Abhang gegenüber irgendwo Wild. Vor deinen Füssen rennen Ameisen hin und her. Die Hüttentüre ist offen. Drinnen kocht das Wasser. Als ich die Spaghetti hineingebe, stehst du breit neben mir am Herd und erzählst etwas. Ich verstehe nicht, was du sagst. Wasch dir jetzt endlich die Hände, sage ich, und stelle die Teller auf den Tisch.

Später gehst du auf dem Weg zur Brücke. Die Wolken ziehen schnell. Aus dem Tal kommen Touristen. Von weitem scheinen sie wie Farbtupfer, die sich bewegen. Aber dann sind sie schon da und gehen an dir vorbei. Ein Kind dreht sich um und schaut dir nach.

Üna daman d'eiran svanidas las chasas da tschella vart da la riva. L'aua tendschaiva fin pro l'orizont. La barcha dal pes-chader s'ha fermada be pac toc davent da mai. L'hom staiva in pè a la lada, sgobà davant giò. Sia barcha sbaluonzchaiva ün zich. Davo üna pezza ha'l fat ir il motor ed ha müdà lö.

Eu savur cur cha teis bap ha schluppettà üna bes-cha e tut oura il dadaint. Il sang inquaglià suot sias unglas. Ils movimaints dals mans aint il buttatsch chod. Il strar, tagliar e s-char-par. Il charezzar.

E tü chi rasast oura teis prüms peschs sün maisa da chadafö e riast dad ot.

Eines Morgens waren die Häuser am anderen Ufer verschwunden. Das Wasser reichte bis zum Horizont. Das Fischerboot hat nur wenig von mir entfernt angehalten. Der Mann stand breitbeinig und vornübergebeugt. Sein Schiff schaukelte ein wenig. Nach einer Weile hat er den Motor gestartet und den Platz gewechselt.

Ich rieche, wenn dein Vater ein Tier erlegt und es ausgenommen hat. Das geronnene Blut unter seinen Fingernägeln. Die Bewegungen der Hände im warmen Bauch. Das Ziehen, Schneiden und Reissen. Das Streicheln.

Und du breitest deine ersten Fische auf dem Küchentisch aus und lachst laut.

Aint in chamonna esa s-chür. I nu's doda nügli'oter co tia vusch chi chanta dal cumün chi dorma. Las chasas da tia chanzun han fatschadas ladas e fanestras cun glüms chi's stüdan planet üna davo tschella. L'aua dals bügls sbuorfla s-chür e minchatant las glüms d'ün auto passan sur tets, sur fatschadas e sur boscha cun utschels sönantats. Inchün sta sün fanestra e guarda oura aint illa not. Id es ün cumün cun üerts e curtins, cun üna baselgia ed üna plazza da ballapè. La glieud s'insömgia seis sömmis e quia e là es inchün sdruaglià e fa chalenders.

E sü sur tuot sun, sco sprincals inquiets, las stailas e svaglian aint ils umans cagiò aint il cumün alch sco ün algord lontan, fin cha lur vita ün di as stüda sco las glüms aint illas fanestras.

Uschè finischa tia chanzun e tia vusch as perda inclur tanter las chasas e'ls üerts.

In der Hütte ist es dunkel. Man hört nichts anderes als deine Stimme, die vom schlafenden Dorf singt.* Die Häuser deines Liedes haben breite Fassaden und Fenster mit Lichtern, die langsam erlöschen, eines nach dem anderen. Das Wasser der Brunnen sprudelt dunkel, und manchmal gleiten die Lichter eines Autos über Dächer, Fassaden und über Bäume mit schlaftrunkenen Vögeln. Jemand steht am Fenster und schaut in die Nacht hinaus. Es ist ein Dorf mit Gärten und Höfen, mit einer Kirche und einem Fussballplatz. Die Leute träumen ihre Träume, und hier und da ist jemand wach und macht sich Gedanken.*

Und über allem sind die Sterne, wie flimmernde Tupfen, und wecken in den Menschen unten im Dorf etwas wie eine ferne Erinnerung, bis ihr Leben eines Tages erlischt wie die Lichter in den Fenstern.

So endet dein Lied, und deine Stimme verliert sich irgendwo zwischen den Häusern und den Gärten.

Il chatschader

El piglia seis chapè verd, sia buscha e seis schluppet e chamina cun pass greiv e plan sü per la senda, traversa il god, as ferma, guarda cul spejel da champogna. La boscha, la pomma d'chan, il günaiver, tuot sta attent e nu's crolla, be ils utschels nu san as deportar e svolazzan intuorn. Cur ch'el riva our dal god dà'l ün suspür e guarda via da tschella vart. El masüra la chadaina da muntognas cun seis ögl da chatschader, as tschainta lura e fa ün zich marenda. Casü davo el es la grippa, sun las blaischs, ils valluns e las gravas, sendinas chi cumainzan e finischan dandet, tschofs erba secha, ragischs, qua e là üna genziana.

Plü tard tuorna'l a chasa cun ün chamuotsch süllas spadlas, il cheu da la bes-cha vout inavo. Our dal gnif penda üna manzina. El pozza seis butin giò sül fuond da cuort e glischa cun seis man suravia il pail, el tocca las cornas, doza sü üna chomma e dà dal cheu. Davo sta'l cun seis cumpogns intuorn la bes-cha chi penda vi d'ün crötsch cul

Der Jäger

Er nimmt seinen grünen Hut, seinen Rucksack und sein Gewehr und geht mit schweren und langsamen Schritten den Weg hinauf, durchquert den Wald, bleibt stehen, schaut mit dem Feldstecher. Die Bäume, das Geissblatt, der Wacholder, alles ist auf der Hut und nichts regt sich, nur die Vögel können sich nicht benehmen und flattern umher. Als er aus dem Wald kommt, seufzt er und schaut hinüber auf die andere Seite. Er misst die Bergkette mit seinem Jägerblick, setzt sich dann und isst etwas. Über ihm ist der Fels, sind die Grashalden, die Runsen und die Geröllhalden, Pfade, die plötzlich beginnen und wieder enden, Büschel trockenen Grases, Wurzeln, dann und wann ein Enzian.

Später kehrt er nach Hause zurück, eine Gämse auf den Schultern, der Kopf des Tieres nach hinten gedreht. Aus dem Maul hängt ein Zweig. Er legt seine Beute auf den Boden beim Stall* und streicht mit der Hand über das Fell, er berührt die Hörner, hebt ein Bein an und nickt. Nachher steht er mit seinen Kollegen um das cheu aval e cun buttatsch avert e baiva la palorma. Per terra esa ün flachin cotschen s-chür.

Tier herum, das an einem Haken hängt mit dem Kopf nach unten und offenem Bauch, und trinkt die *Palorma**. Am Boden ist ein kleiner dunkelroter Fleck.

Sül chomp savura da terra choda e da bos-cha da mailinterra secha. Eu n'ha stuvü trar aint manetschas per strar oura quista früa chi tacha e picla. Giosom mincha lingia esa uossa ün barlun. Tü sezzast sülla cuverta da chavagl a l'ur dal chomp e guardast. Eu pigl la zappa e cumainz a chavar, ün zich a dretta, ün zich a schnestra, lura am sgoba, pigl oura la mailinterra e tilla büt ün pa da la vart. I va be plan. Il sulai dà nan adüna plü chod.

Tü vainst nan e cumainzast planet a cleger sü la mailinterra ed a tilla metter aint illa sadella. Tü fast sumagliar ils mailinters a persunas ed hast il scuffel. Eir eu ri cun tai e fetsch tagnins e chav e dun ün sbraj cur ch'eu n'ha darcheu taglià ün mailinter. Las süjuors am culan giò per la fatscha, mias unglas sun s-charpadas, la rain am fa mal. Intant est tü gnü stanguel e fast üna posa. Lura rasast oura la marenda sülla cuverta e spettast. Giosom la val as vezza ün tockin da l'En. Sur no passan autos. Tü

Auf dem Acker riecht es nach warmer Erde und trockenen Kartoffelstauden. Ich habe Handschuhe anziehen müssen, um dieses Kraut, das klebt und sticht, herauszuziehen. Unten an jeder Furche liegt jetzt ein Haufen. Du sitzt auf der Pferdedecke am Rand des Ackers und schaust zu. Ich nehme die Hacke und beginne zu graben, ein wenig rechts, ein wenig links, dann bücke ich mich, nehme die Kartoffeln heraus und werfe sie etwas zur Seite. Es geht nur langsam voran. Die Sonne sticht immer stärker.

Du kommst heran und beginnst gemächlich die Kartoffeln aufzulesen und sie in den Kessel zu legen. Du kannst Personen in den Kartoffeln erkennen und lachst. Auch ich lache mit dir und mache Spässe und grabe und schreie kurz auf, wenn ich wieder eine Kartoffel angeschnitten habe. Der Schweiss rinnt mir über das Gesicht, meine Fingernägel sind gerissen, der Rücken tut mir weh. In der Zwischenzeit bist du müde geworden und machst eine Pause. Dann breitest du auf der Decke den Zvieri* aus und wartest. Zuunterst im Tal sieht man ein Stückchen Inn. Oben

guardast via da tschella vart da la val. E dist cha tü nu lessast mai ir davent. Eu cuntaimpl teis mans cullas unglas ladas plain terra.

fahren Autos vorbei. Du schaust hinüber auf die andere Talseite. Und sagst, dass du nie weggehen möchtest. Ich betrachte deine Hände mit den breiten Nägeln voller Erde.

Tü sast co cha l'utuon po rivar tuot a l'improvista, culla prüma naiv chi vain e va be a la svelta. Ma el resta quia, as fua aint il ascher ed aint ils uzuers. Piessas giaschan per quai via, ils giabus stan a gramüsch, be las fluors da sulai stan amo dretsü sper la saiv. Il di resta grisch e nu vain da's remetter da tuot il bletsch. Davomezdi tuorna il muvel süt a chasa. Las chavras sbeglan e sbeglan. Creschüts ed uffants cuorran intuorn cun bastuns, chans sbrajan, dapertuot vuschs, sbeglöz e müjöz. Lura es tuot passà. Our da las stallas as doda s-chellas.

Giò da l'ascher croudan singuls guots. Aint illas chasas s'invüdan davoman las glüms. Il füm dals chamins as struozcha sur ils tets via e's maisda cullas tschieras.

Du weisst, wie es plötzlich Herbst werden kann, mit dem ersten Schnee, der schnell kommt und wieder geht. Aber der Herbst bleibt, drängt sich in den Ahorn und in die Johannisbeersträucher. Mangold liegt am Boden, die Kabisköpfe haben sich zusammengekauert, nur die Sonnenblumen stehen noch aufrecht neben dem Zaun. Der Tag bleibt grau und kann sich von all der Nässe nicht erholen. Am Nachmittag kommt das Galtvieh nach Hause. Die Ziegen meckern und meckern. Erwachsene und Kinder rennen mit Stöcken herum, Hunde heulen, überall Stimmen, Gemecker und Gemuhe. Dann ist alles vorbei. Aus den Ställen hört man Kuhglocken und Schellen.*

Vom Ahorn fallen einzelne Tropfen. In den Häusern gehen allmählich die Lichter an. Der Rauch aus den Kaminen schleppt sich über die Dächer hinweg und mischt sich mit den Nebelschwaden.

Il musicant

La glieud splatta e splatta. Ella sta sü in pè,
tschüvla, cloma e splatta inavant. Il musicant
sül palc ha serrà ils ögls, seis corp ün pa sgobà
davant giò as muainta via e nan, inavant ed
inavo e sia dainta fa siglins süllas clappas da la
clarinetta. Aint illa fuolla es sia mamma chi ria,
seis bap, sias sours sun là, eir seis amis, in pè, il
bacher cul scussal e culs stivaluns da gomma
ed ella, ella chi til guarda. Lura vain el planet
stanguel, la fuolla as disfà, la sala, il palc. El
piglia sia clarinetta, tilla lova aint illa trocla
naira e serra il vierchel.

Der Musikant

Die Leute klatschen und klatschen. Sie stehen auf, pfeifen, rufen und klatschen weiter. Der Musikant auf der Bühne hat die Augen geschlossen, sein etwas nach vorn gebeugter Körper bewegt sich hin und her, vor und zurück, und seine Finger springen leicht über die Klappen der Klarinette. In der Menge ist seine Mutter, sie lacht, sein Vater, seine Schwestern sind da, auch seine Freunde, stehend, der Metzger mit der Schürze und den grossen Gummistiefeln und sie, sie blickt ihn an. Dann wird er langsam müde, die Menge löst sich auf, der Saal, die Bühne. Er nimmt seine Klarinette, legt sie in den schwarzen Koffer und schliesst den Deckel.

La crapella sülla via da munt bütta sumbrivas lungas. Quista crappa plü pitschna co nitschoulas am fa bod gnir da rier cun sias sumbrivas nairas. Ils larschs casü sun gnüts gelgs, ils frouslers stendan lur früts madürs chi han tschüf la dscheta oura aint il ajer crü. Bankins stan sulets aint il brün da la prada.

Cur ch'eu travers il curtin fetscha scrollar las föglias da l'ascher chi cuvernan la terra ümida. Meis peis sun leivins suot quistas pletschas sechas. Mo qua es l'ascher e tegna amo seis früts plajats in alinas, pronts per svolar davent. El es inquiet, l'ascher, tanter la terra chi's serra e'l tschêl cun randulinas chi nu sun plü qua.

Il prüm rivan ils tuns da tia clarinetta be tmüchs giò'n curtin, sco da dalöntsch. Lura creschna, vegnan ferms, siglian tanterglioter. Bilocs da naiv svolazzan intuorn. Giò'n üert tegnan insembel cordas las fluors da sulai sgobadas vers ün pêr giabus schloppats. Dasper chasa spettan duos buttuns dal röser amo adüna a gnir il sulai. Cun üna stratta dindetta rivast tü casü la fanestra. Hast vis ch'eu sun bun da far naiver, hast vis? E riast oura aint il vent e

Die Kieselsteine auf dem Bergweg werfen lange Schatten. Diese Steinchen, kleiner als Haselnüsse, bringen mich fast zum Lachen mit ihren schwarzen Schatten. Die Lärchen oben sind gelb geworden, die Hagebutten strecken ihre reifen Früchte, die schon gefroren waren, in die kalte Luft. Bänke stehen allein im Braun der Felder.

Wenn ich den Hof durchquere, bringe ich die Ahornblätter, die die feuchte Erde bedecken, zum Rascheln. Meine Schritte sind leicht unter diesen trockenen Hüllen. Aber da ist der Ahorn und noch hält er seine in Flügel gehüllten Früchte, die bereit sind wegzufliegen. Er ist unruhig, der Ahorn, zwischen der Erde, die sich schliesst, und dem Himmel mit Schwalben, die nicht mehr hier sind.

Am Anfang dringen die Töne deiner Klarinette nur scheu in den Hof herab, wie von weit her. Dann schwellen sie an, werden laut, springen durcheinander. Schneeflocken wirbeln herum. Unten im Garten halten Schnüre die Sonnenblumen zusammen, die sich gegen ein paar geplatzte Kabisköpfe beugen. Neben dem

guardast co ch'el scurrainta ils bilocs chi
svoulan ourdaglioter. Lura serrast tü la
fanestra da stüva ed eu la genna da curtin
e sur not vain l'inviern.

Haus warten zwei Knospen am Rosenstrauch noch immer auf die Sonne. Mit einem plötzlichen Ruck öffnest du oben das Fenster. Hast du gesehen, dass ich schneien lassen kann, hast du gesehen? Und lachst in den Wind hinaus und schaust, wie er die Schneeflocken aufscheucht, die auseinander wirbeln. Dann schliesst du das Stubenfenster und ich das Gartentor, und über Nacht kommt der Winter.

Aint illa fanestra d'Advent pendan bilocs albs davant üna chasa cun fanestras inglüminadas. Aint in quista chasa as pudessa rasar oura üna cuverta alba sülla maisa, metter sü la vaschella da porcellana ed invüdar las chandailas. Forsa tour giò ün purtret chi nu s'ha plü jent o tscherchar adascus alch aint il spejel. Rivir la fanestra e salüdar ad inchün chi passa güsta speravia. O serrar ils üschous ed ir davent. In quista chasa as pudessa eir murir. Laschar inavo las fotografias vi da la paraid, la cröa da terracotta sül plan s-chaffa e la mailinterra giò'n schler. I's pudess laschar flurir ün verinu-tocker sün balcun da stüva e guardar al giat aint ils ögls. E vers saira as stumplessa üna sopcha davant la fanestra per verer co cha las munto-gnas vegnan sombras e co cha l'orizont vain glüschaint. Quella glüschur chi bruscha aint in üna plaja frais-cha.

Im Adventsfenster hängen weisse Flocken vor einem Haus mit erleuchteten Fenstern. In diesem Haus könnte man eine weisse Decke auf dem Tisch ausbreiten, das Porzellangeschirr daraufstellen und die Kerzen anzünden. Vielleicht ein Bild herunternehmen, das einem nicht mehr gefällt, oder heimlich im Spiegel etwas suchen. Das Fenster öffnen und jemanden grüssen, der gerade vorbeigeht. Oder die Fensterläden schliessen und weggehen. In diesem Haus könnte man auch sterben. Die Fotografien an der Wand zurücklassen, den Tonkrug auf dem Schrank und die Kartoffeln unten im Keller. Man könnte ein Rührmichnichtan blühen lassen auf dem Sims des Stubenfensters und der Katze in die Augen schauen. Und gegen Abend würde man einen Stuhl vor das Fenster schieben um zu sehen, wie die Berge düster werden und wie der Horizont zu leuchten beginnt. Dieses Leuchten, das in einer frischen Wunde brennt.

I manca be ün pêr dis fin Nadal, dis cha tü
hast uschè jent. L'ascher es quiet ed alb.
Corviglias as plachan sün seis roms ed i para
cha'l bös-ch as sdruaglia. Las manzinas
tremblan e la naiv crouda per terra. D'instà
suna sü intuorn chamonna, las corviglias.
I svoulan minchadi aint ed oura per la val,
vegnan a verer scha no vessan alch baccun,
ed intant cha no observain ils chamuotschs
aint il spejel lung traversan lur tschüvels agüzs
la val. Ma cur chi vain l'inviern tuornan ellas in
cumün. I fa bain da savair chi dà lous amo plü
fraids cur chi's dscheila. Be avant suna passa-
das sur ils tets via, pitschens movimaints
nairs. Eu sun sgüra ch'inclur üna fa uossa la
guaita. Sch'eu met oura pavel suna qua davo
paca pezza, gnüdas nanpro sa'l dianzer
d'ingionder, svolazzan intuorn e tschüvlan
e piclan e svanischan. Minchatant resta üna
inavo be suletta sün ün rom da l'ascher e
guarda nan vers la fanestra da chadafö.
E l'ascher am para ester.

Es fehlen nur ein paar Tage bis Weihnachten, Tage, die du so gern hast. Der Ahorn ist ruhig und weiss. Dohlen landen auf seinen Ästen und es scheint, als ob der Baum erwache. Die Zweige zittern, und der Schnee fällt auf die Erde. Im Sommer sind sie bei der Hütte oben, die Dohlen. Sie fliegen jeden Tag zum Tal herein und hinaus, kommen um zu sehen, ob wir einen Bissen hätten, und während wir mit dem Feldstecher die Gämsen beobachten, durchqueren ihre spitzen Rufe das Tal. Aber wenn der Winter kommt, kehren sie ins Dorf zurück. Es tut gut zu wissen, dass es noch kältere Orte gibt, wenn man friert. Gerade vorher sind sie über die Dächer weggeflogen, kleine schwarze Bewegungen. Ich bin sicher, eine hält jetzt irgendwo Wache. Wenn ich Futter hinauslege, sind sie nach kurzer Zeit da, hergekommen von weiss der Teufel wo, sie flattern umher und rufen und picken und verschwinden. Manchmal bleibt eine ganz allein zurück auf einem Ast des Ahorns und schaut zum Küchenfenster. Und der Ahorn scheint mir fremd.

Il rai

Il rai da l'Oriaint s'ha plajà in üna stoffa violetta e s'ha miss sü üna curuna d'or. Cun tschera devota banduna'l la chasa e passa giò per giassa tras la naiv frais-cha. El as stenda e riva ils portels. Holà, cloma'l aint dals piertans e fa a savair chi saja nat ün uffant a Betlehem, ün uffant chi nu das-cha gnir tradi a Herodes. La lingua dal rai da l'Oriaint es estra, la glieud nu tilla inclegia. Ma oramai chi's tratta d'ün rai tschögna tuot cul cheu da schi e til invida da gnir aint a chod e sezzer giò ün mumaint.

Plü tard tuorna il rai sü da la giassa. El passa tras piertan, riva l'üsch da stüvetta e's metta a maisa sainza far pled. Sia curuna glüscha suot la glüm.

Der König

Der König aus dem Orient hat sich in einen violetten Stoff gewickelt und sich eine Krone aus Gold aufgesetzt. Mit andächtiger Miene verlässt er das Haus und schreitet durch den frischen Schnee die Gasse hinunter. Er streckt sich und öffnet die Türen. Holà, ruft er in die Hausgänge hinein und verkündet, dass ein Kind in Betlehem geboren sei, ein Kind, das nicht an Herodes verraten werden dürfe. Die Sprache des Königs aus dem Orient ist fremd, die Leute verstehen sie nicht. Aber da es sich um einen König handelt, nicken alle mit dem Kopf und laden ihn ein, an die Wärme zu kommen und sich einen Moment hinzusetzen.

Später kehrt der König zurück, die Gasse herauf. Er schreitet durch den Flur, öffnet die Stubentüre und setzt sich wortlos an den Tisch. Seine Krone leuchtet unter der Lampe.

Curius, co cha'l groflöz crescha apaina chi's til dà bada, crescha e crescha, resgia permez ils impissamaints e'ls purtrets, la not coura cul clucher chi penda sur las chasas oura. La naiv aint in üert paisa. Naiv eir süls tets da las chasas. Süls bancs. Sül s-chandler laina. Las fanestras da la chasa cavia sun quaders nairs. E lura es quia l'ascher, adüna è'l qua, as preschainta dadour las fanestras, as stenda aint il ajer, porta la naiv, chatscha la föglia, fuorma ils semins e tils lascha ir.

Pro la chantunada es la glüm culla giassa sblacha. Eu guard co cha tü vast sü dal stip aint il sulai, il prüm svelt, lura be planet, co cha tü fast posas e vast darcheu inavant, discurrind dapertai, e cur cha tü svanischast davo la chantunada suna ün pa our d'fla.

Giò'n stalla srancuna ün armaint e srancuna.

Komisch, wie das Schnarchen stärker wird, sobald man es bemerkt, es wird stärker und stärker, sägt die Gedanken und Bilder entzwei, die Nacht draussen mit dem Kirchturm, der über die Dächer hinausragt. Der Schnee im Garten ist schwer. Schnee auch auf den Hausdächern. Auf den Bänken. Auf der Holz-beige. Die Fenster am Haus gegenüber sind schwarze Vierecke. Und dann ist der Ahorn da, immer ist er da, zeigt sich vor den Fenstern, streckt sich in die Luft, trägt den Schnee, treibt Blätter, formt die Samen und lässt sie gehen.

An der Hausecke ist die Gasse in ein bleiches Licht getaucht. Ich schaue, wie du in der Sonne den steilen Weg hinaufgehst, zuerst schnell, dann nur langsam, wie du Pausen machst und wieder weitergehst, vor dich hin plaudernd, und als du um die Hausecke verschwindest, bin ich etwas ausser Atem.

Unten im Stall poltert und poltert ein Rind.

Eu vegn sü da la senda. Inchün ha chavà
s-chalins da naiv aint illa costa. I sun ün pa
torts ed eu n'ha fadia da tgnair l'equiliber.
Süsom il muot es üna passiva frais-cha.
Uossa naiva darcheu. Ils bilocs creschan.
Naiv crouda sün naiv. Co poust tü be crajer
al sulai in tuot quist alb müt. Teis nom sülla
tablina da lain es sblachi. Il püschel cul culai-
schem ha dürà lönch. Eu n'ha jent la culur dal
culaischem aint il blau da l'utuon. Ils craps da
fossa chi stan gualivsü as vezza amo bain.
Quels chi sun cupichats ün zich inavo han la
stà alch serain cun lur sguard vers il tschêl.
Schi s'invüda üna chandaila as metta la glüm
da sia flomma a sotar vi dal mür apaina chi
cumainza a far s-chür. Üna jada ha ars tia
chandaila fin la daman a bunura cur cha las
randulinas han cumanzà a svolar intuorn. Il
giat chi vaiva fat ün sön sül mür s'ha stendü,
s'ha lavà ed es schlendrià sur las fossas via fin
davant baselgia.

Cur ch'eu m'ha vouta d'eira'l davent.

Ich komme den Weg herauf. Jemand hat im Hang Stufen in den Schnee getreten. Sie sind ein wenig schief und ich habe Mühe das Gleichgewicht zu halten. Oben auf dem Hügel ist eine frische Fussspur. Jetzt schneit es wieder. Die Flocken werden grösser. Schnee fällt auf Schnee. Wie kannst du nur an die Sonne glauben in all diesem stummen Weiss. Dein Name auf der Holztafel ist verblasst. Der Strauss mit den Vogelbeeren hat lange gehalten. Ich mag die Farbe der Vogelbeeren im Blau des Herbsthimmels. Die aufrecht stehenden Grabsteine sieht man noch gut. Jene, die ein wenig nach hinten geneigt sind,* haben im Sommer etwas Zuversichtliches mit ihrem dem Himmel zugewandten Blick. Wenn man eine Kerze anzündet, beginnt das Licht der Flamme auf der Mauer zu tanzen, sobald es dunkel wird. Einmal hat deine Kerze bis am Morgen früh gebrannt, bis die Schwalben zu fliegen begonnen haben. Die Katze, die auf der Mauer geschlafen hatte, hat sich gestreckt, sich gewaschen und ist über die Gräber hinweggeschlendert, bis vor die Kirche.

Als ich mich umblickte, war sie weg.

Inchün t'ha vis il di da tia sepultüra in sez
da schneder sülla culmaina da nossa chasa.
Tü guardaivast giò sülla fuolla e riaivast.
Tü tschögnaivast a minchün cul man e til
salüdaivast per nom.

Jemand hat dich am Tag deines Begräbnisses im Schneidersitz auf dem Dachfirst unseres Hauses gesehen. Du hast auf die Menge herabgeschaut und gelacht. Du hast jedem Einzelnen mit der Hand gewinkt und ihn mit dem Namen begrüsst.

Il macun es casü ch'el guarda intuorn. Cullas chommas davant sta'l sün üna muntogna e cullas chommas davo sün tschella. Sias cornas sun archs s-chürs aint il tschêl. In dis da sulai vezza'l a glüschir il mar. Minchatant volva'l il cheu giò vers la val. Lura sta'l be là e guarda e rumaglia.

Der Steinbock ist oben und schaut umher. Mit den Vorderbeinen steht er auf dem einen Berg und mit den Hinterbeinen auf dem anderen. Seine Hörner sind dunkle Bogen am Himmel. An Sonnentagen sieht er das Meer glitzern. Manchmal dreht er den Kopf und blickt ins Tal. Dann steht er nur da und schaut und käut wieder.

Anmerkungen der Übersetzer

Rut Plouda beschreibt in ihrem Buch Begebenheiten, die in einem Dorf im Unterengadin und in dessen Umgebung angesiedelt sind. Vor allem die Details in den Beschreibungen der Häuser haben deshalb einen direkten Bezug zur Tradition des Engadinerhauses. Die Übersetzung kann sich jedoch aus einleuchtenden Gründen nur auf die Nennung der einzelnen Gebäudeteile beschränken. Wer diesen Haustypus nicht kennt, sollte jedoch zumindest folgende Details wissen:

Unter dem gleichen Dach finden wir Wohnhaus, Vieh- und Heustall, Keller, Speicher und Vorstall. Durch das Haustor, dessen innere zwei Türhälften (portel) für den Durchgang von Menschen bestimmt sind (während die ganze Bogentüre dem Heuwagen den Durchgang zum Heustall erlaubt), betritt man den grossen Hausgang (piertan). Von hier aus öffnen sich die Türen zur Stube (stüva) mit dem Kachelofen (pigna) und der Ofenbank (cuotscha) und auch zur Küche (chadafö, eigentlich «Feuerhaus»). Die Tiere betreten den Stall durch eine eigene Haustüre, die zum Untergeschoss führt, wobei sie zuerst durch einen Vorraum (cuort) gehen, der zu verschiedenen Kellerräumen führt.

Seite 29
Godin da Portas: Godin ist die Verkleinerungsform von «god», was auf Deutsch Wald heisst und auch vom deutschen Begriff spätestens seit dem Hochmittelalter abgeleitet ist. Im beschriebenen Dorf lautet die romanische Form «uaud» und der erwähnte Flurname «Uautin da Portas».

Seite 33: s. Seite 29

Seite 47
Der romanische Ausdruck «s-chellas» umfasst als Kollektiv verschiedene Glockenarten sowohl von Grossvieh als auch von Kleinvieh. Jede einzelne hat je nach Grösse und Form eine eigene Bezeichnung, z.B. brunzina, plumpa, talac, zampuogn.

Seite 53
Traditionellerweise werden die verschiedenen Kirchenglocken für verschiedene Ankündigun-

gen verwendet. So gibt es neben der Mittags-
glocke (sain da mezdi) auch die Totenglocke
(sain da mort), um den Tod einer im Dorf wohn-
haften oder aus dem Dorf gebürtigen Person
anzukünden. Der «sain da not» (Abendglocke)
wird gebraucht, um die Kinder zum Heimgehen
aufzufordern. Wer früher diesem Aufruf nicht
nachkam, riskierte eine Strafe.

Seite 55
Erste Strophe eines rätoromanischen Kinderlie-
des: «Es waren drei Soldaten, die kamen aus dem
Krieg, rum und rum und pitipum».
Zweite Strophe: «Und einer von diesen dreien
trug eine Rose».

Seite 61
Der rätoromanische Ausdruck «marenda» be-
zeichnet einen Imbiss am Nachmittag, der in
der Schweiz traditionellerweise mit Zvieri («für
vier Uhr») wiedergegeben wird. Er leitet sich vom
lateinischen MERENDAM ab, was sich wieder-
um vom Verb MERERE ableitet, was «verdienen»
heisst. Ursprünglich also «was man sich verdie-
nen muss».

Seite 69
Rätoromanisch «cuz» bedeutet eigentlich das Lager von einzelnen Tieren, z.B. von Katze, Hund oder auch des Wildes. Über die familiäre Wendung «ir a cuz» für «schlafen gehen» ist «cuz» zum übertragenen Begriff für Bett geworden.

Seite 73
«Der Weg windet sich ins Tal hinein» ist eine Umschreibung der rätoromanischen Wendung «as stortigliar daquaiaint», was eigentlich «sich (irgendwie) da hineinwinden» heisst. Es ist ein Beispiel unter vielen in diesem Buch, das zeigt, wie die rätoromanische Sprache im Bereiche der Ortsadverbien unzählige Kombinationen kennt, um Ortsbezeichnungen in allen Aspekten genau zu umschreiben.

Seite 75
In diesen Darstellungen bezieht sich der Text auf die reiche Sagentradition des Engadins. Sowohl die Erzählung vom «chavà-schimmel» in Urezzas als Erinnerung an einen Grenzkonflikt wie auch die Sage der weissen Jungfrau im Val Tasna mit ihrer erotischen Ausstrahlung und gleichzeitigen Unerreichbarkeit finden ihren Nie-

derschlag in den Fantasien von Joannes. (Nach-
zulesen bei: Arnold Büchli, Mythologische Lan-
deskunde von Graubünden 3, Disentis 1990).

Seite 91
Beim erwähnten Lied handelt es sich um das
vertonte Gedicht «Il cumün in silenzi» des Dich-
ters Peider Lansel (1863-1943) aus Sent.

Der rätoromanische Ausdruck «far chalenders»
bezeichnet eigentlich eine Handlung, die ein
Brüten, Nachsinnen, sich Sorgen machen, etc.
einschliesst, wie wenn man selbst einen Kalen-
der verfertigen müsste. Auch im Schweizerdeut-
schen war «kalenderen» für diese Aussage ge-
bräuchlich.

Seite 95
Das rätoromanische «palorma» leitet sich ab von
«per l'orma» (für die Seele) und bezeichnet den
Imbiss nach einem Begräbnis. Die Jäger trinken
einen Schnaps auf die Seele des erlegten Tie-
res.

Seite 97: s. Seite 61

Seite 101: s. Seite 47

Seite 117
Es handelt sich dabei um Grabsteine, die von Anfang an mit einer gewissen Neigung nach hinten auf dem Friedhof platziert wurden. Diese ergeben eine besondere Atmosphäre auf dem Friedhof, den die Autorin beschreibt.